Dr. Michael L. Brown
Wie erlöst sind wir wirklich?
Das unsanfte Erwachen

Dr. Michael L. Brown

Wie erlöst sind wir wirklich?

Das unsanfte Erwachen

Verlag Gottfried Bernard
Solingen

Titel der Originalausgabe: How saved are we?
Dr. Michael L. Brown

Übersetzung: Werner Geischberger
Satz: CONVERTEX, Aachen
Grafik: image design, A. Fietz, Landsberg
Druck: Druckhaus Gummersbach

Alle Bibelzitate stammen aus der Revidierten Elberfelder Bibel, es sei denn, sie sind anderweitig gekennzeichnet. Die Hervorhebungen in den Bibelstellen stammen vom Autor.

ISBN 3-925968-90-3

Inhalt

Vorwort

Die Worte dieses Buchs wurden nicht leichtfertig gewählt. Als ich nach ihnen suchte, drangen sie bis in mein tiefstes Inneres vor und zerrissen mir oft das Herz. Sie veranlaßten mich, einige unangenehme Fragen zu stellen: Wie weit sind wir schon vom neutestamentlichen Glauben abgefallen? Haben wir wirklich verstanden, was es heißt „erlöst“ oder „gerettet“ zu sein?

Es hat etwas Befremdliches an sich, daß so viele Gläubige über ihre Gemeinden und ihr Privatleben sprechen, als liefe alles großartig, als erlebten sie ständig die Fülle des Geistes, als lebten sie wie wahre Jünger Jesu. Die ungeschminkte Wahrheit ist jedoch, daß uns kaum bewußt ist, wie wenig wir im Grunde haben und wie wenig wir im Grunde erreichen.

Ich behaupte nicht, auf alles eine Antwort zu haben. Ich bin sicher noch nicht am Ziel angekommen. Doch soviel ist klar: Wenn der Leib Christi im Westen keine radikale Reformation erlebt, wird er immer mehr in der Welt aufgehen. Wir meinen, wir wären auf der Höhe und im Vollbesitz unserer Kräfte, doch in Wirklichkeit sind wir krank und im Begriff zu sterben. Möge Gott uns erwecken und uns unseren tatsächlichen Zustand vor Augen führen, bevor es zu spät ist!

In den vergangenen Jahren hatte ich die Freude, in verschiedenen Teilen der Welt mit einigen Missionaren zusammenzuarbeiten. Als ich vergangenen November von einer zehntägigen Dienstreise mit den Teams von „Christ is the Answer“ in Portugal und Italien zurückkehrte, drängten sich mir immer wieder folgende Fragen auf: Wenn *wir*, die Gläubigen in Amerika und Mitteleuropa, genauso gerettet sind wie *sie*, warum haben dann die meisten von uns nicht dieselbe Leidenschaft für verlorene Seelen wie sie? Warum geben sie alles auf, um das Evangelium zu predigen, während wir uns oft schwer tun, überhaupt *irgend etwas* aufzugeben, um das Evangelium zu predigen? Ist die Ernte nicht überall auf der Welt reif, gleichgültig, wo wir sind? Drängt uns der Herr etwa nicht hier und jetzt, alles herzugeben und ihm vorbehaltlos und von ganzem Herzen zu dienen? Warum sind wir dann so selbstzufrieden? Warum fühlen wir uns in einer gefallenen Welt so zu Hause? Warum kommt es so selten vor, daß wir Schmerz empfinden und trauern?

Soviel ist klar: Weil unsere Evangeliumsbotschaft schon seit längerem mangelhaft ist, sind auch unsere Jünger heute mangelhaft und ist auch der „wiedergeborene“ Leib Christi in der westlichen Welt mangelhaft. Unser Lebensstil läßt kaum auf einen echten Sinneswandel schließen und die Vorstellung, Opfer zu bringen und für den Herrn zu leiden, ist uns fast völlig fremd. Sogar unsere „blühenden“ Gemeinden brauchen eine radikale Neuorientierung. Wir haben uns selbst in diesem Leben Segnungen angehäuft, aber dabei den Blick für die Ewigkeit verloren. Gott findet an alledem keinen Gefallen.

Was tun wir, sobald der Herr anfängt, uns die Augen zu öffnen? Wie reagieren wir auf das durchdringende, forschende Licht seines Geistes und seines Wortes? Zunächst müssen wir uns daran erinnern, daß er überführt, herausfordert und korrigiert, aber niemals verdammt. *Jeder von uns lebt aus Gnade*. Er zeigt uns das Problem nur, um uns zur Lösung hinzuführen. *Wir müssen zu den Grundlagen zurückkehren*. Es stimmt, daß wir in einem einzigen Augenblick bekehrt werden können, doch viele von uns wurden nie mit dem wahren Anspruch des Evangeliums konfrontiert, als sie „den Herrn annahmen“. Folgen wir wirklich Jesus nach? Wissen wir überhaupt, was das bedeutet? Sind wir bereit, heilige Radikale zu sein, gleichgültig, was es uns kostet?

Ich bin mir natürlich darüber im klaren, daß nicht jeder von uns auf das Missionsfeld eines fernen Landes gerufen wird und nicht jeder von uns alles stehen- und liegenlassen kann, um ab sofort nur mehr an Straßenecken zu stehen und zu predigen. Aber ich bin mir sicher, daß Gott uns, wo auch immer wir in dieser Welt sind, ergreifen, uns zu brennenden Flammen machen und uns gebrauchen kann, um unsere Gesellschaft zu seiner Ehre zu erschüttern. Erlöst sein heißt aufstehen und sich abheben.

Wer sich vom Geist geführt sieht, Mission finanziell zu unterstützen oder selbst darin tätig zu werden, den möchte ich ermutigen, sich an eine der am Ende dieses Buchs aufgeführten Organisationen zu wenden.

Nachdem ich vergangenen Dezember mit den ersten Kapiteln begonnen hatte, registrierte ich voller Freude einige vielversprechende Entwicklungen. Immer mehr Kinder Gottes erkennen, daß etwas ganz Grundlegendes aus dem Lot geraten ist, und verschiedene Stimmen aus verschiedenen Lagern sprechen eben genau diese Themen an. Sowohl in Amerika als auch in Übersee schlagen die Kontroversen über die sogenannte „Lordship Salvation" heftige Wellen. Es ist zwar bedauerlich, daß das Argument vorgebracht wird, man könne gerettet sein, *ohne* sich Jesus als Herrn zu unterstellen, aber wenigstens kommt dieser Irrtum ans Licht. Möge der Geist der Wahrheit hell erstrahlen!

Mein Dank gilt noch einmal Michael Murray, der das Manuskript sorgfältig und aufmerksam durchlas; Don Nori und dem Team von Destiny Image, die dieses Projekt bis zur Fertigstellung begleiteten; unseren Mitarbeitern der Beth Messiah Congregation und dem Messiah Biblical Institute für ihre treue Fürbitte; unseren loyalen Freunden in den Staaten und in aller Welt für ihre Liebe und Unterstützung; Leonard und Martha Ravenhill für ihre Leidenschaft für den Herrn und ihre Gebete für mich; und meiner wunderbaren Frau Nancy, einem ganz speziellen Geschenk Gottes. Sie dringt immer wieder darauf, daß ich im Herrn weitergehe und zu seiner Ehre mein Äußerstes gebe.

Möge der Herr Jesus ein Volk finden, das sich nach dem Echten sehnt. Ihm allein sei Lobpreis und Ehre!

Michael L. Brown
Juli 1990

Kapitel 1

Wie erlöst sind wir wirklich?

Der Leib Christi der westlichen Welt am Ende des zwanzigsten Jahrhunderts durchläuft eine Krise. Seit Jahren predigen wir ein billiges Evangelium und bieten einen „Softie-Heiland" an. Wir lehren die Erlösung ohne Selbstverleugnung und die Krone ohne das Kreuz. Wir haben uns den Unbekehrten angepaßt und mit der Welt Kompromisse geschlossen. Nun zahlen wir den Preis dafür.

Unsere Botschaft vom „Instant-Heil" verunehrt Gott und täuscht die Menschen. Unser schlechter Same hat eine schadhafte Ernte hervorgebracht. Wie bemitleidenswert sind doch die Garben, die wir binden!

Wir Christen im Westen ...

... sind es gewöhnt, stundenlang fernzusehen und minutenlang zu beten.
... gieren auf die Sportseite der Tageszeitung und finden kaum Geschmack am Wort Gottes.
... geben mehr Geld für Tiernahrung aus als für Mission.
... lieben Feste, aber hassen das Fasten.
... zeigen Begeisterung für Gottes Segnungen, haben jedoch Bedenken wegen seiner Lasten.

Ist Jesus dafür gestorben? Ist das unser „neues Leben" in ihm? Denken Sie einmal einen Augenblick nach:

> Jeder, der mehr Zeit mit Videospielen zubringt als im Gebet hat kein Recht, Jesus „Herr" zu nennen.
> Jeder, der sich mit Genuß die heutigen pervertierten Fernsehserien ansieht, dient einem anderen Gott.

> Jeder, der nicht für eine Weile den Sport Sport sein lassen kann, betet Götzen an.

„Wenn jemand die Welt liebt, ist die Liebe des Vaters nicht in ihm ...; wißt ihr nicht, daß die Freundschaft der Welt Feindschaft gegen Gott ist?“ (1 Joh 2,15; Jak 4,4).

Wessen Freunde sind wir wirklich?

Es ist Zeit für eine ernsthafte Gewissenserforschung. Welches „Bekehrungserlebnis“ hatten wir, wenn es keinerlei persönliche Opfer von uns fordert, so gut wie keinen Bruch mit der Welt vollzieht und praktisch keinen Haß auf die Sünde bewirkt? Wie können wir behaupten, wir wären „von oben geboren“? Womit läßt sich unser „neuer Mensch“ beweisen?

Wir sagen, wir hätten ein „Bürgerrecht im Himmel“, doch unser Herz ist ständig auf irdische Schätze fixiert. Wir singen: „Wir sind das Volk Gottes“, lassen uns jedoch von den schlimmsten Kindern Satans unterhalten. Wir geben vor, „der Welt abgestorben“ zu sein, interessieren uns aber mehr für kurzfristige Trends als für ewige Seelen. Irgend etwas stimmt nicht mit unserem „Bekehrungserlebnis“! *Schlechte Früchte lassen auf schlechte Wurzeln schließen.*

> *Wir* sagen: „Bekenne einfach, daß Jesus dein Herr ist, und schon bist du drin!“
> *Er* sagt: „Nicht jeder, der zu mir sagt: Herr, Herr! wird in das Reich der Himmel eingehen, sondern [nur] *wer den Willen meines Vaters tut*, der in den Himmeln ist“ (Mt 7,21).
>
> *Wir* sagen: „Bete so und so, und die Sache ist erledigt!“
> *Er* sagt: „Wenn jemand mir [nachfolgen] will, *verleugne er sich selbst und nehme sein Kreuz auf täglich und folge mir nach*“ (Lk 9,23).
>
> *Wir* sagen: „Komm einfach nach vorne. Es dauert nur eine Minute!“

Er sagt: „*Setzt alle Kraft daran, durch die enge Pforte einzugehen!* Denn viele, das sage ich euch, werden in das Haus zu kommen suchen und es doch nicht können" (Lk 13,24; Albrecht). Wer hat nun Ihrer Meinung nach recht?

Jesus sagte den Menschenmassen, die ihn begleiteten, die schmerzliche Wahrheit:

„Wenn jemand zu mir kommt und haßt nicht seinen Vater und seine Mutter und seine Frau und seine Kinder und seine Brüder und Schwestern, dazu aber auch sein eigenes Leben, *so kann er nicht mein Jünger sein.*"
„Und wer nicht sein Kreuz trägt und mir [nachfolgt], *kann nicht mein Jünger sein.*"
„So kann nun keiner von euch, der nicht allem entsagt, was er hat, mein Jünger sein." (Lk 14,26.27.33)

Wen betrügen wir unserer Meinung nach? *Es ist Zeit, die Kosten zu überschlagen!*

Vielleicht sind wir wirklich und tatsächlich „zu Jesus gekommen", aber können wir auch sagen, daß wir ihm *nachfolgen*? Vielleicht haben wir der „Frohen Botschaft" geglaubt, aber tragen wir täglich unser Kreuz? Jesus gebot uns: „Geht nun hin und macht alle Nationen zu Jüngern ..." (Mt 28,19). Vielleicht müssen ja *wir* zuerst Jünger werden.

Ja, wir sind „aus Gnade durch Glauben" gerettet; dem können wir nichts hinzufügen. Aber es ist die *Gnade* Gottes, die uns „... lehrt, nein zur Gottlosigkeit und zu weltlichen Begierden zu sagen, und in diesem jetzigen Zeitalter ein Leben der Selbstkontrolle, der Rechtschaffenheit und der Gottesfurcht zu führen" (Tit 2,11-12; wörtl. a. d. Engl.). Den *wahren Glauben* erkennt man an dem, was er bewirkt, denn „... der Glaube ohne die Werke [ist] nutzlos" (Jak 2,20).

Paulus ermahnte die Epheser, sich von niemandem mit *leeren Worten* täuschen zu lassen. „Denn dies sollt ihr wissen und erkennen", sagte er, „daß kein Unzüchtiger oder Unreiner oder Habsüchtiger – er ist ein Götzendiener – [*irgendein*] Erbteil hat in dem Reich Christi und Gottes" (Eph 5,5). Glauben wir, daß sich

Gottes Maßstab inzwischen geändert hat? Kommen „fleischliche Christen“ in einen „fleischlichen Himmel“? Nein. „Ohne Heiligung wird niemand den Herrn schauen ... Die aber dem Christus Jesus angehören, haben das Fleisch samt den Leidenschaften und Begierden gekreuzigt ... Oder wißt ihr nicht, ... *daß ihr nicht euch selbst gehört*? Denn ihr seid um einen Preis erkauft worden [nur *Sklaven* wurden um einen Preis erkauft]; verherrlicht nun Gott mit eurem Leib“ (Hebr 12,14; Gal 5,24; 1 Kor 6,19-20). Wir müssen uns diesen Worten stellen!

Jüngerschaft ist keine Option; Jüngerschaft ist nicht billig. Petrus sagte zu Jesus: „Wir haben alles verlassen und sind dir nachgefolgt“ (Mk 10,28). Was haben *wir* verlassen, um ihm nachzufolgen? „Jede materielle Gabe gewinnt an Wert, wenn sie nicht von Geld stammt, das man übrig hat, sondern von der Opferung dessen, was man nur allzu gerne hätte“[1] (Richard Wurmbrand). Wieviel haben wir *wirklich* für Jesus gegeben?

Johanna Veenstra ging 1920 als ledige Frau in die Mission nach Afrika. Sie lebte in einer primitiven Hütte mit Lehmboden, wo sie von weißen Ameisen und Ratten drangsaliert wurde. „Als ich mein Abendbrot zu mir nahm“, berichtete sie, „waren sie [die weißen Ameisen] wieder in Schwärmen da, klebten, ehe ich mich versah, an meinen Händen, fielen ins Essen – und ich kam zu dem Schluß, daß eine Plage über uns gekommen war. Man konnte sie nicht ‚hinaussperren‘, weil diese Eingeborenenhütten keine Decke haben.“ Dennoch kam keine Klage über ihre Lippen; und trotz spärlicher anfänglicher Erfolge revidierte sie ihre Entscheidung nie. „Ich habe es kein einziges Mal bedauert, daß ich die ‚hellen Lichter und das fröhliche Leben‘ von New York City hinter mir gelassen hatte und in diesen finsteren Winkel seines Weinbergs gekommen war. Es ist kein Opfer, da der Herr Jesus selbst mein ständiger Begleiter ist.“[2]

Wie die Jünger damals war sie erlöst.
Und wir? Wie „erlöst“ sind wir?

Kapitel 2

Es ist Zeit zu sterben!

Die Kreuzigung war eine der entsetzlichsten Hinrichtungsmethoden, die sich der Mensch je erdachte. Der Tod am Kreuz war der ehrloseste überhaupt und Sklaven und Rebellen vorbehalten. Cicero bezeichnete ihn als „die höchste Form der Todesstrafe, die schmerzhafteste, schrecklichste und häßlichste". Es gab kein größeres Leiden, keine größere Demütigung. Der Verurteilte wurde in aller Regel gegeißelt, bis ihm die Fleischfetzen vom Rücken hingen. Anschließend wurde er, manchmal nackt, öffentlich zur Schau gestellt und von den Menschen verspottet. Erst dann erfolgte die eigentliche Kreuzigung. „Die physischen und mentalen Leiden, die dieser langsame Tod mit sich brachte, sind unvorstellbar"[3] (J. Schneider).

Stellen Sie sich vor, welches unsagbare Entsetzen einen verurteilten Delinquenten packte, als das Urteil „Kreuzigt ihn" über ihn gesprochen wurde. Das Kreuz bedeutete Leiden, Qualen und Tod. Dennoch fordert Jesus uns auf, „unser Kreuz auf uns zu nehmen". Was sagt er da nur!

1) *Wer sein Kreuz auf sich nahm, ging in den Tod.* Er verabschiedete sich von dieser Welt. Er würde seine Lieben hier auf Erden nie wieder sehen. Er gab all seine Pläne und Geschäfte auf. Er erreichte das Ende seines Lebens. Wie furchtbar muß es gewesen sein, sein Kreuz auf sich zu nehmen! Doch in Jesus ist dies der erste Schritt in die Freiheit: „Denn wenn jemand sein Leben erretten will, wird er es verlieren; wenn aber jemand sein Leben verliert um meinetwillen, wird er es finden" (Mt 16,25). Haben *wir* unser Leben um seinetwillen verloren? „Wir wissen, daß der Herr Jesus Frucht brachte, nicht nur indem er das Kreuz trug, sondern indem er daran starb" (Hudson Taylor).

Es ist nichts dabei, sich religiös und heilig zu geben. Es ist leicht, fromm zu reden. Doch wie viele von uns sind wirklich gestorben? Wie viele von uns können ehrlichen Herzens sagen: „Herr, nicht mein, sondern dein Wille geschehe" – *gleichgültig, was sein Wille ist*?

Das Leben zu verlieren ist eine traumatische Erfahrung. Wir haben von Natur aus einen instinktiven Überlebensdrang. Wir fühlen uns sicher, wenn wir alles in der Hand haben – wenn wir den Stolz des Lebens festhalten. Unsere Karriere, unsere Ziele im Leben, unsere Wünsche – sie fordern, von uns erfüllt zu werden. Jesus nachfolgen bedeutet, daß wir *unserem* Leben absterben. Jesus nachfolgen bedeutet, daß wir *unsere* Träume aufgeben. Jesus nachfolgen bedeutet, daß es mit der *Selbst*bestimmung vorbei ist. Es gilt: Alles oder nichts. Den Sohn gewinnen heißt, Sünde aufgeben. Es gibt nur diese beiden Alternativen. „Niemand, der seine Hand an den Pflug gelegt hat und zurückblickt, ist tauglich für das Reich Gottes" (Lk 9,62).

2) *Wer gekreuzigt war, war mit der Sünde fertig, denn ein Toter sündigt nicht mehr.* Lüste und fleischliche Begierden gehörten der Vergangenheit an. Der gekreuzigte Dieb konnte nicht mehr stehlen; der gekreuzigte Mörder konnte nicht mehr morden. Fleischliches Verlangen konnte nie wieder gestillt werden. Sündhafte Freuden waren ein für allemal vorbei. Das „Fleisch" war ans Holz genagelt worden. Und genau dasselbe ist mit uns geschehen!

> „Da wir ... erkennen, daß unser alter Mensch mitgekreuzigt worden ist, damit der Leib der Sünde abgetan sei, daß wir der Sünde nicht mehr dienen. *Denn wer gestorben ist, ist ... von der Sünde [befreit worden]*" (Röm 6,6-7).
> „Da nun Christus im Fleisch gelitten hat, so waffnet auch ihr euch mit demselben Sinn – denn *wer im Fleisch gelitten hat, hat mit der Sünde abgeschlossen* –, um die im Fleisch noch übrige Zeit nicht mehr den Begierden der Menschen, sondern dem Willen Gottes zu leben" (1 Petr 4,1-2). Diese Worte haben Kraft!

Halten wir inne und denken wir über unser Leben nach. Ist uns bewußt, daß wir nicht mehr das Recht haben zu sündigen? Verstehen wir, daß für unser Fleisch alles vorbei ist? Ist uns endlich klar geworden, daß wir, was den alten Menschen betrifft, nicht tun können, was wir wollen (vgl. Gal 5,17)?

„Deshalb *tötet alles*, was zu eurem irdischen Wesen gehört: sexuelle Unmoral, Unreinheit, Wollust, üble Begierden und Habsucht, die Götzendienst ist ... In dem Leben, das ihr früher lebtet, wart ihr es gewohnt, diese Wege zu gehen" (Kol 3,5.7; wörtl. a. d. Engl.). Doch nun seid ihr alledem abgestorben! Wer willentlich in Sünde lebt, hat sein Kreuz nicht auf sich genommen.

Sehen wir uns nach wie vor Filme mit Gotteslästerungen, Nacktszenen und Gewaltverherrlichung an? In Jesus sind wir all dem abgestorben! Lügen und betrügen wir immer noch? Leben wir immer noch voll Bitterkeit, Stolz oder Habgier? Dieses Wesen wurde ans Holz genagelt! „Doch jetzt müßt ihr euch diesem allem entledigen: Zorn, Wut, Bosheit, Lästerung und schmutziger Sprache aus eurem Mund" (Kol 3,8; wörtl. a. d. Engl.). Die Bibel sagt: „Ihr *müßt*!"

Und wenn wir uns weigern, Buße zu tun? „Denn dieser Dinge wegen kommt der Zorn Gottes über die Söhne des Ungehorsams" (Eph 5,6). Es ist nicht die Zeit, Spielchen zu spielen! Er wird all jenen helfen, die am Kämpfen sind, die die Sünde wirklich hassen, die aus ihrem Zerbruch heraus um Gnade flehen. Aber wir sollten um jene fürchten und zittern, die voll Starrsinn und Stolz ihren fleischlichen Lebensstil zu rechtfertigen suchen und im Namen der „Ausgewogenheit" ihre weltlichen Lüste legitimieren wollen.

3) *Das Kreuz auf sich zu nehmen ist die höchste Form von Selbstverleugnung*. Im tiefsten Sinn des Wortes gehörte der Gekreuzigte nicht mehr sich selbst. Erinnern Sie sich, was der Herr zu Petrus sagte? „Wahrlich, wahrlich, ich sage dir: Als du jünger warst, gürtetest du dich selbst und gingst, wohin du wolltest; wenn du aber alt geworden bist, wirst du deine Hände ausstrecken, und *ein anderer wird dich gürten und hinbringen, wohin du nicht willst*" (Joh 21,18). Er sprach vom Tod an einem Kreuz!

Deine Hände sind ausgestreckt, du wirst an den Balken genagelt, du hängst in der Luft – du kannst nichts dagegen tun! Am liebsten würdest du zu atmen aufhören – aber du kannst nicht einmal sterben! Dein Leben gehört nicht mehr dir selbst. „Wenn jemand mir [nachfolgen] will, *verleugne er sich selbst* und *nehme sein Kreuz auf täglich* und folge mir nach“ (Lk 9,23).

Was heißt das – sich selbst verleugnen? Das hat nichts mit Selbstbestrafung, Selbstgeißelung, Sack und Asche oder verzweifelter Trübsal zu tun. „Solche Vorschriften haben wohl einen Schein von Weisheit, sofern in falscher Demut und schonungsloser Kasteiung des Leibes ein selbsterwählter Gottesdienst geübt wird. Im Grunde aber haben sie nicht den geringsten Wert. Denn sie dienen nur dazu, den fleischlichen Hochmut zu nähren“ (Kol 2,23; Albrecht). Sie bringen keine geistliche Frucht hervor.

Sich selbst verleugnen heißt, ungeachtet der Konsequenzen oder Kosten zu *unseren* Wünschen nein zu sagen. „Ein leichtes Leben ohne Selbstverleugnung wird immer kraftlos bleiben. Um Frucht zu tragen, muß man das Kreuz tragen. Bist Du bereit, in Ihm zu bleiben und dadurch viel Frucht zu tragen?“ (Hudson Taylor)

Führen Sie sich einen Augenblick die Nöte dieser Welt vor Augen. Heute gibt es weltweit mehr als 900 Millionen Muslime. Wie viele Arbeiter bringen ihnen das Evangelium? Täglich sterben mehr als 150 000 Menschen, für die Jesus sein Leben gab. Wie viele von ihnen kannten den Herrn? Möchte er sie etwa nicht erreichen? Ruft er etwa keine Arbeiter in die Ernte? Warum hören dann so wenige von uns den Ruf Gottes in die Mission? Weil wir außer Hörweite seines Rufs leben!

Die meisten von uns hier in der westlichen Welt sind ein Produkt einer Luxusgesellschaft. Die Mehrheit arbeitet nur fünf von sieben Tagen pro Woche (im Vergleich zu anderen Ländern ist das praktisch ein Dauerurlaub!). Wir haben viel Freizeit, und die meisten von uns müssen weder hungern noch verhungern. Doch obwohl wir so viel Zeit zum Gebet und häufig zu gut genährte Leiber haben, hören nur wenige von uns Gottes Aufruf zu aufopferungsvollem Gebet und Fasten. Warum? Weil wir für unser Fleisch empfänglicher sind als für den Heiligen Geist!

Im In- und Ausland sieht man die Erfolge der verschiedenen Sekten. Einige sind sehr aggressiv und kommen an unsere Haustür; andere stehen an der Straßenecke und singen Lieder; wieder andere arbeiten bei Regen und Kälte im Freien. Sie opfern und dienen und geben – obwohl kein einziger von ihnen Leben hat! Wir haben die Wahrheit. Wir haben das Licht. Wir kennen die Freude des Herrn. Warum hören dann so wenige von uns den Aufruf Gottes, aufzustehen und kühn von ihm zu erzählen? Weil wir zu sehr mit uns selbst beschäftigt sind!

Nein, es ist nicht so, daß uns das gleichgültig wäre; es ist nicht so, daß wir uns darüber überhaupt keine Gedanken machen würden. Doch A. W. Tozer bringt es auf den Punkt: Es ist nicht so, daß Gott den Menschen nicht wichtig wäre; es ist vielmehr so, daß die Menschen „etwas gefunden haben, das ihnen wichtiger ist als Gott"! Wir sind fest entschlossen, das zu haben, was uns am wichtigsten ist. „Der reiche Jüngling traf seine Entscheidung aufgrund dessen, was ihm in seinem Leben am wichtigsten war"[4] (Tozer). Jesus war ihm wichtig, doch sein Reichtum war ihm noch wichtiger. Er ging traurig fort, denn in seinem Fall – als jemand, der das Geld liebt – konnte er nicht beides haben.

Sehen wir uns unser Leben an und sehen wir zurück aufs Kreuz. Was ist uns am wichtigsten?

4) *Das Kreuz ist der einzige Weg zur Auferstehung.* Niemand will sterben. Niemand will leiden. Doch: „Wenn das Weizenkorn nicht in die Erde fällt und stirbt, bleibt es allein; wenn es aber stirbt, bringt es viel Frucht" (Joh 12,24). Es gibt keinen anderen Weg.

Wie lieben wir den Glanz der Auferstehung! Wir lieben die Kraft und die Gaben des Geistes. Doch zunächst müssen wir sterben; zunächst müssen wir begraben werden. *Gott kann nur einen Toten auferwecken.*

Sehen Sie sich nur den Apostel Paulus an. Er war wirklich ein heiliger Draufgänger: Er betete ohne Unterlaß, predigte ohne Zurückhaltung, weckte Tote auf und setzte dem Teufel hart zu. Was war der Schlüssel seines Lebens? Er starb; nicht mehr er lebte, sondern der Messias lebte in ihm.

> „Ich habe viel mehr gearbeitet als sie alle [die Apostel]; *nicht aber ich*, sondern die Gnade Gottes, die mit mir war ... Täglich sterbe ich ..." (1 Kor 15,10.31)

> „Das ist meines mühevollen Ringens Ziel. Und dazu stärkt mich *seine Kraft*, die mächtig in mir wirksam ist" (Kol 1,29; Albrecht).
>
> „Wir selbst aber hatten in uns selbst schon das Urteil des Todes erhalten, *damit wir nicht auf uns selbst vertrauten*, sondern auf Gott, der die Toten auferweckt" (2 Kor 1,9).

Gott hat uns eine unmögliche Aufgabe gegeben: die Nationen zu Jüngern machen, Kranke heilen, die Werke der Finsternis zerstören, der Wiederkunft Jesu den Weg bereiten. Aus eigener Kraft schaffen wir das nie. Aber genau das ist die grandiose Antwort: Hör auf, dich abzumühen! Hör auf damit und stirb! Verlaß dich nicht mehr auf dich selbst. Werde wie Jesus in seinem Tod (vgl. Phil 3,10) und nimm dann teil an seinem Auferstehungsleben.

1771 schickte John Wesley Francis Asbury nach Amerika. Zweifellos hatte dieser von Anfang an nicht die besten Voraussetzungen: Er war von der Schule geflogen; er war kein guter Redner (die Leute waren meistens der Meinung, sein schwarzer Diener, ein Analphabet, sei eloquenter als er); und er war nicht bei guter Gesundheit (manchmal „zwang er sich, im Sattel zu bleiben, obwohl er schon überall Blasen hatte"). Dennoch fand er eine Kraft, die größer war als seine eigene.

Er „stand jeden Morgen um vier auf, brachte sich selbst Latein, Griechisch und Hebräisch bei und machte es sich zur Angewohnheit, *täglich* hundert Seiten guter Literatur zu lesen ...; *er hielt weit über 16 000 Predigten, ernannte mehr als 4000 Prediger, legte zu Pferd oder (als er zu alt dafür war) mit der Kutsche 270 000 Meilen zurück* [vergessen Sie nicht, daß es damals noch keine Autobahnen gab] *und rieb dabei sechs wakkere Pferde auf!"* (Christian History)

Als er 1771 in die Staaten kam, „gab es lediglich 600 amerikanische Methodisten. Doch als er 45 Jahre später starb, gab es 214 235 amerikanische Methodisten. Ihre Zahl im Verhältnis zur Gesamtbevölkerung wuchs sprunghaft von 1 zu 5000 auf 1 zu 40 an"[5] (Charles Ludwig). Alles nur wegen einem Mann, der von Anfang an, wie es schien, zum Scheitern verurteilt gewesen war!

Machen Sie sich einen Begriff von der Kraft Gottes? Der Arbeiter ist nur ein Gefäß. Es gibt keinen starken Asbury oder

Paulus. Nur einer ist würdig, das Lob zu nehmen. Und er möchte von uns einfach nur, daß *wir* sterben. Denn der Weg zum Leben Gottes führt über den Tod, und das Ende unserer eigenen Kraft ist der Anfang seiner Kraft.

Stellen wir uns kühn dem Kreuz und sterben wir. Töten wir ein für allemal unsere fleischlichen Lüste. Zermalmen wir unseren Eigensinn und gehorchen wir. Gehen wir ans Kreuz, werden wir begraben und wieder auferweckt – durch die Kraft des Geistes Gottes.

> „Dem aber, der über alles hinaus zu tun vermag, über die Maßen mehr, als wir erbitten oder erdenken, *gemäß [seiner] Kraft, die in uns wirkt*, ihm sei die Herrlichkeit in der Gemeinde und in Christus Jesus auf alle Geschlechter hin in alle Ewigkeit! Amen" (Eph 3,20-21).

Kapitel 3

Was es heißt, von neuem geboren zu werden

Keine menschliche Erfahrung läßt sich mit der Geburt vergleichen. Nach neun Monaten Wartezeit und oft stundenlangen, schmerzhaften Wehen wird ein neuer Mensch geboren. Eine winzige Person kommt aus dem Leib der Mutter hervor. Das Baby atmet, bewegt sich und schreit. Die stolzen Eltern sind begeistert und erleichtert. Was für ein Augenblick! Was für eine Freude! Was für ein Anblick!

Augenblick mal! Wir haben etwas übersehen. Was die Eltern dabei erlebten, ist zweitrangig. Natürlich ist der frischgebackene Vater in Hochstimmung. Natürlich ist die erschöpfte Mutter überwältigt. Doch wie erging es wohl dem Baby in dem Ganzen? Was für ein Gefühl war das, geboren zu werden? *Das* ist doch das eigentliche Abenteuer! Vom Mutterleib in die Welt – geboren zu werden ist wirklich etwas Unvergleichliches!

Jesus sagte: „Ihr müßt von neuem geboren werden" (Joh 3,7). Das ist etwas Unerhörtes!

> *Stellen Sie sich das vor: ein ganz neues Leben bekommen.* Das heißt, noch einmal geboren werden.
> *Stellen Sie sich das vor: ganz von vorne anfangen können.* Das heißt, noch einmal geboren werden.
> *Stellen Sie sich das vor: in eine völlig andere Welt eintauchen.* Das heißt, noch einmal geboren werden.
> *Stellen Sie sich das vor: ein Kind Gottes werden.* Das heißt, noch einmal geboren werden.
> „Denn einst wart ihr Finsternis, jetzt aber seid ihr Licht im Herrn. Wandelt als Kinder des Lichts" (Eph 5,8).

„Auch ihr wart [tot] in euren Vergehungen und Sünden, in denen ihr einst wandeltet ... Gott aber, der reich ist an Barmherzigkeit, hat um seiner vielen Liebe willen, womit er uns geliebt hat, auch uns, die wir in den Vergehungen tot waren, mit dem Christus lebendig gemacht – durch Gnade seid ihr errettet!" (Eph 2,1-2.4-5)

„Er hat ... uns errettet aus der Macht der Finsternis und versetzt in das Reich des Sohnes seiner Liebe" (Kol 1,13). Dank sei Gott für die neue Geburt in ihm!

John Newton war ein berüchtigter Sünder. Er war von seiner gottesfürchtigen Mutter im Glauben erzogen worden, doch sie starb, als er sieben war. Mit elf arbeitete er bereits mit seinem Vater auf See. Schon bald wurde er wie Abschaum behandelt und ertrug viele Entbehrungen. Seine verhärtete, gotteslästerliche Art war tief in seinem Charakter verwurzelt. Als er erwachsen war, hatte er seine eigenen Schiffe und war weithin bekannt als gottloser und gnadenloser Sklavenhändler.

Es war John Newton, der die Worte schrieb: „Amazing grace how sweet the sound, that saved a wretch like me; I once was lost but now am found, was blind but now I see." (Sinngemäß etwa: „Unaussprechliche Gnade, wie süß der Klang, der einen Elenden wie mich errettete; früher war ich verloren, doch jetzt bin ich zu Hause angekommen; ich war blind, doch jetzt sehe ich.") John Newton war von neuem geboren! Und mit uns ist genau dasselbe geschehen, wenn Jesus wirklich unser Herr ist.

Wir haben ein neues Wesen bekommen und sind erneut das Ebenbild Gottes. Es gibt einen „neuen Menschen", der „nach Gottes Ebenbild geschaffen ist in wahrhafter Gerechtigkeit und Reinheit" (Eph 4,24; Menge). Wir sind von oben geboren. „Das Alte ist vergangen, siehe, Neues ist geworden" – wir sind eine nagelneue Schöpfung in ihm (2 Kor 5,17). Einige von uns waren böse, unmoralisch, haßerfüllt und verdorben. Jetzt sind wir gewaschen, geheiligt und gerechtfertigt „durch den Namen des Herrn Jesus und durch den Geist unseres Gottes" (1 Kor 6,9-11). Etwas Revolutionäres ist geschehen! Wir sind wirklich noch einmal geboren worden!

Doch entspricht das auch dem, was wir den Leuten predigen? Machen wir ihnen diese Wiedergeburt deutlich? Sagen wir ihnen, daß sich alles ändern wird? Verstehen sie wirklich, daß die zweite Geburt nicht minder dramatisch ist als die erste? Ist ihnen klar, daß sie dadurch in eine neue Familie kommen und vom Tod zum Leben übergehen?

Natürlich müssen sie dabei nicht unbedingt etwas *fühlen*. Sie müssen dabei nicht weinen oder schreien. Doch wenn sich das nicht auf ihr Innerstes auswirkt, wenn sie nicht bald darauf eine grundlegende Charakterveränderung erleben, wenn sie so weiterleben wie zuvor, ist es fraglich, ob sie überhaupt von neuem geboren wurden! Das liegt nicht immer an einer schlechten Nacharbeit. Ein Pastor sagte einmal: „Manchmal fallen Leute vom Glauben ab, die noch nie wirklich ‚drin' waren."

Haben Sie auch schon des öfteren über Bekehrungsstatistiken gestaunt? Bei der Veranstaltung gestern abend bekehrten sich 300 Leute; 484 Leute gaben beim evangelistischen Einsatz Jesus ihr Leben; bei den „Erweckungsveranstaltungen" vergangene Woche kamen 1500 Leute zum Herrn. Doch was ist mit all diesen Leuten geschehen? Wo sind die vielen Menschen heute? Die meisten von ihnen sind wieder zur Tagesordnung übergegangen. Sie sprachen ein kurzes Gebet und gingen nach Hause. Wurden sie je wirklich von ihren Sünden *erlöst*? Können wir sagen, daß sie wirklich von oben geboren wurden?

Das Evangelium, das wir predigen, ist in zweierlei Hinsicht mangelhaft. Wir haben unsere Zuhörer in zweierlei Hinsicht betrogen: Wir haben ihnen nicht gesagt, daß das alte Leben aufhören muß, und wir haben ihnen das neue Leben in Christus nicht gezeigt.

Wie würde es beispielsweise jemandem ergehen, der sich den Hare Krischnas anschließt? Glauben Sie, daß er sich ändern würde? Sollte er früher Ambitionen gehabt haben, Schauspieler zu werden, könnte er das nun ein für allemal vergessen. Es gibt nicht viele Hauptrollen für Kahlköpfige mit Kutten und Gebetsketten! Und wenn er Fußballprofi hätte werden wollen? Glauben Sie, daß man ihn so aufs Feld lassen würde?

Was würde jemandem widerfahren, der aus Überzeugung zum Islam konvertiert? Er wäre schon bei Tagesanbruch auf den

Beinen, um das erste seiner *fünf* täglichen Gebete zu sprechen. Im Monat Ramadan würde er fasten, das heißt, einen Monat lang jeden Tag bis Sonnenuntergang nichts essen *und* trinken. Er würde außerdem 2,5 Prozent seiner Nettoeinnahmen – finanzielle Verpflichtungen und Haushaltsausgaben ausgenommen – für seinen Glauben spenden und noch viele andere Gepflogenheiten und Konventionen befolgen.

Was ist mit dem ultraorthodoxen Judentum? Was würde von einem Juden verlangt werden, der aus einem Herzensanliegen heraus zu seiner religiösen Tradition zurückkehrt? Ihm würde vorgeschrieben werden, wie er sich zu kleiden, wie er zu beten und was er zu essen hat. (Sorry, leider kein Hummer mehr, keine Shrimps, keine Peperoni-Pizza und kein Steak mit Baked Potatoes und Butter!) Er würde lernen, wie man die Schriften studiert und wie man im Alltag lebt – bis ins allerkleinste Detail. Das hätte sogar Auswirkungen darauf, wo er wohnt (die Synagoge in Gehweite) und wie er sich vor dem Essen die Hände wäscht.

Doch das wirklich Schmerzliche daran ist: All diese Sekten oder Religionen können weder das Innere ihrer Anhänger verändern noch sie zu einer persönlichen Beziehung mit Gott führen. Gesetzlichkeit und äußerliche Vorschriften bewirken kein ewiges Leben. Dennoch schließen sich die Menschen zu Tausenden diesen Gruppierungen an. Sie bezahlen jeden Preis und bringen jedes Opfer, um ihren neugefundenen Glauben leben zu können.

Wir hingegen präsentieren unseren Zuhörern das Evangelium fast schon mit Bedauern, so als würden sie Jesus einen Gefallen tun, wenn sie ihn in ihr Herz aufnehmen. Wir sagen ihnen: „Es ist schon okay. Das mit der Veränderung ist nicht weiter tragisch. Im Grunde mußt du nichts aufgeben. Bitte einfach nur Jesus, in dein Leben zu kommen." Doch *er* ist der Herr über alles, und er sagt: „Komm du zu mir!" *Er* ist die kostbare Perle. Wir stehen in *seiner* Schuld.

„Das Problematische ist, daß diese Einstellung ‚Nimm einfach Christus an' höchstwahrscheinlich falsch ist. Sie vermittelt den Eindruck, daß Christus uns zu Diensten sei und nicht wir ihm. Sie tut so, als würde Jesus hilflos und tatenlos dastehen und darauf warten, daß wir unser Urteil über ihn fällen, anstatt daß wir vor ihm niederknien und mit bebendem Herzen sein

Urteil über uns erwarten. Möglicherweise gestattet es uns diese Haltung sogar, Christus aus einem gedanklichen oder emotionellen Impuls heraus anzunehmen – ohne Schmerzen, ohne Verluste für unser Ego und ohne Unannehmlichkeiten für unseren bisherigen Lebensstil"[6] (A. W. Tozer). Doch Jesus und unser altes Leben sind unvereinbar. Wir sind dazu aufgerufen, nach oben auf ihn zuzustürmen.

Was würde wohl ein junger Mann denken, wenn die Frau, die er liebt und der er gerade einen Heiratsantrag gemacht hat, zu ihm sagen würde: „Ja, ich werde dich heiraten. Aber muß ich dann meine anderen Freunde aufgeben? Möchtest du dann, daß ich jeden Abend zu dir zurückkomme? Kann ich dann etwa nicht mehr mal mit diesem oder jenem schlafen und ein wenig Spaß haben?" Wie würde er darauf reagieren? Er wäre verletzt und enttäuscht. Er wäre bis in die Grundfesten erschüttert und schokkiert. Schließlich hatte er von ihr unbeirrbare Loyalität erwartet, da er eine echte Partnerin fürs Leben wollte.

Und wie ergeht es Jesus, unserem himmlischen Bräutigam? Hat er weniger verdient? Wird er Sünder bei sich aufnehmen, die ihm nicht ihre Loyalität versichern? Dennoch scheuen wir uns, den Unbekehrten zu sagen, daß sie ihre „anderen Liebhaber" aufgeben müssen, wenn sie mit ihm eins sein wollen. Wir wollen sie nicht vor den Kopf stoßen! Was für eine erbärmliche Einstellung!

Ende der fünfziger Jahre nahm der berüchtigte Gangster Mikkey Cohen an einer evangelistischen Veranstaltung in Beverly Hills teil. Obwohl er Interesse an der Predigt zeigte, „... traf er erst einige Zeit später eine Entscheidung, als ihn ein Freund mit Offenbarung 3,20 als Garantie drängte, Jesus Christus in sein Leben einzuladen. Er bekannte sich auch zu diesem Schritt, doch in der Folge deutete nichts in seinem Leben auf eine Buße hin, ‚jene gewaltige Veränderung des Denkens, des Herzens und des Lebens' [Trench]. Cohen schalt seinen Freund mit den Worten: ‚Du hast mir nicht gesagt, daß ich meine Arbeit an den Nagel hängen müßte', womit er seine unlauteren Machenschaften meinte. ‚Du hast mir auch nicht gesagt, daß ich meinen Freunden den Laufpaß geben müßte', womit er seine Gangsterkumpane meinte. Er hatte gehört, Soundso sei ein christlicher Fußballspieler, Soundso sei ein christlicher Cowboy, Soundso sei eine christliche Schauspielerin, Soundso sei ein christlicher Senator und deshalb allen Ernstes gedacht, er könnte ein christlicher Gangster sein. Leider wies nichts darauf hin, daß er Buße getan hätte. Traurigerweise haben viele vergessen, daß das neue Leben der einzige Beweis für die neue Geburt ist. Das eigentliche Problem liegt darin, daß einige Evangelisten – wie auch einige Neubekehrte – nicht erkennen, daß die fehlerhafte Botschaft an dem Ganzen schuld ist"[7] (J. Edwin Orr).

Warum spielen wir unsere Spielchen? Warum versuchen wir, den Anschein zu erwecken, Gott sei in den Augen der Menschen gerecht, wenn es doch die Menschen sind, die in den Augen Gottes gerecht sein müssen? Warum versuchen wir, den Anschein zu erwecken, das Evangelium würde blinden und verlorenen Sündern schmecken? Warum nehmen wir nicht unseren Mut zusammen und fordern sie kühn heraus, ihren sündhaften Lebensstil aufzugeben, ihren nichtigen Weg zu verlassen, zum Licht zu *rennen* und gerettet zu werden? Warum sagen wir ihnen nicht: „Dein Weg führt in den Tod. Du gehst in die Hölle. Entscheide dich fürs Leben und tu Buße über deine Sünden"? Warum lassen wir sie nicht wissen, daß Jesus **die** Antwort ist und daß es *unerheblich* ist, alles aufzugeben, wenn wir dafür ihn gewinnen?

Halten Sie kurz inne und denken Sie einmal darüber nach. Der heilige Sohn Gottes starb für die Welt. Der Makellose erlitt einen Verbrechertod. Er trug all unsere Sünden ans Kreuz. Das gerechte Lamm Gottes starb für elende Sünder. Der Friedefürst zahlte den Preis für unsere Vergehen. Wir sündigten. Er starb. Wir waren schuldig. Er wurde bestraft. Wir hatten den Tod verdient. Er schenkte uns sein Leben. Wir lehnten ihn ab. Er nahm uns an. *Was für eine unglaubliche Botschaft!* Das hört sich anscheinend viel zu gut an, um wahr zu sein.

Doch das ist nur der Anfang. Was wir den Menschen sagen müssen, ist noch viel weitreichender: Derselbe Geist, der Jesus von den Toten auferweckte, kommt, um in uns zu wohnen. Wir empfangen ewiges Leben. Unsere Namen sind im Himmel aufgeschrieben. Wir sind erlöst, wiederhergestellt und erneuert. Wir kommen in den Genuß einer innigen Beziehung mit dem allmächtigen Gott, und Jesus nennt uns seine Freunde.

Warum setzen wir den Herrn herab, so als sei er ein günstiges Sonderangebot? Warum appellieren wir an die Verlorenen, Jesus in ihr Leben hineinzuquetschen und ihm eine Chance zu geben? Warum sind wir nicht direkt? Wachen wir doch endlich auf und seien wir ehrlich. Predigen wir doch keine billige Botschaft! Verkünden wir mutig die Wiedergeburt und rufen wir Sünder auf, von neuem geboren zu werden. Und leben wir diese Botschaft selbst – konsequent und radikal.

Gottes neues Leben explodiert in der Tiefe des Herzens.

Kapitel 4

Waren Sie je verloren?

Jesus sagte: „Die Gesunden haben keinen Arzt nötig, wohl aber die Kranken" (Mt 9,12; Menge). Nicht einmal Gott kann jemanden heilen, dem es gut geht! Nur Kranke können geheilt werden. Genauso können auch nur Sünder Vergebung erlangen und nur Verlorene gerettet werden. Jesus starb nur für die Verlorenen.

George Whitefield predigte einmal vor einer kleinen Versammlung britischer Adliger. Lord Chesterfield, wie immer fasziniert von Whitefields Vergleichen, hörte aufmerksam zu. John Pollock erzählt die Geschichte:

> „Whitefield hatte gesagt, ein Mensch ohne Christus sei wie ein blinder, [alter] Bettler mit Stock, der sich von seinem kleinen Hund führen läßt. Sie spazieren auf einer leicht abschüssigen Wiese, ohne zu wissen, daß diese an einer steilen Felsklippe endet. Die Leine reißt, und der Hund läuft weg. Verzweifelt klammert sich der Bettler mit beiden Händen an seinem Stock fest und tastet sich vorwärts, so gut er kann. Er kommt dem Rand der Klippe immer näher. Ein letztes Mal tastet er sich mit seinem Stock vor, doch als dessen Spitze ins Nichts stößt, läßt er ihn wegen des ungewohnten Gefühls sofort los. (Whitefields Zuhörer sind nun bis zum Zerreißen gespannt.) Da der Abgrund zu tief ist, um ein Geräusch des Aufpralls zurückzuwerfen, meint der Bettler, sein Stock sei in eine flache, weiche Senke gefallen. Er lehnt sich nach vorne, um nach dem Stock zu tasten. Er verliert das Gleichgewicht, rutscht aus ... ‚Er ist fort!', brüllte Lord Chesterfield, und fuhr hoch."[8]

Das beschreibt die gesamte Menschheit – „Sie ist fort!“ Und die Zeit ist schon vorgerückt.

Die meisten von uns haben immer noch nicht das volle Evangelium gehört. Unsere moderne Version läßt einiges zu wünschen übrig. Wir predigen mit Begeisterung über den Himmel, verlieren jedoch kaum ein Wort über die Hölle. Wir machen lange Bekehrungsaufrufe, doch „Verdammnis“ hört sich in unseren Ohren wie ein Schimpfwort an. Wir reden über das Kreuz und das Blut, doch Jesus scheint wegen nichts und wieder nichts dort zu hängen. Warum in aller Welt ist er nur gestorben?

Das Kreuz macht nur dann einen Sinn, wenn die Menschheit wirklich unwiderruflich verloren ist, wenn niemand in den Augen Gottes gerecht werden kann, wenn jeder von uns unendlich weit hinter Gottes Maßstab zurückbleibt, wenn wir das Todesurteil zu Recht verdient haben, wenn es durch und durch fair von ihm wäre, uns bis in alle Ewigkeit zu verdammen, wenn wir nichts tun können, um uns selbst zu retten – nur dann macht das Kreuz einen Sinn. Wenn nicht, ist es *die* göttliche Verschwendung schlechthin – Jesus litt und blutete ohne jeden Grund. „Ich mache die Gnade Gottes nicht ungültig; denn wenn Gerechtigkeit durch Gesetz kommt, dann ist Christus umsonst gestorben“ (Gal 2,21).

Unserem Evangelium gelingt es nicht, eine der fundamentalsten Plagen der Menschheit zu attackieren – die Selbstgerechtigkeit. Gibt es eine Sünde, die Gott mehr haßt? Selbstgerechtigkeit ist Götzendienst. Selbstgerechtigkeit macht den Menschen zum Gott und setzt eigene Maßstäbe. Selbstgerechtigkeit zieht einen üblen Fluch nach sich: „So spricht der Herr: Verflucht ist der Mann, der auf Menschen vertraut und Fleisch zu seinem Arm macht und dessen Herz vom Herrn weicht!“ (Jer 17,5) „Geht aber hin und lernt, was das ist: ‚Ich will Barmherzigkeit und nicht Schlachtopfer.‘ Denn ich bin nicht gekommen, Gerechte zu rufen, sondern Sünder“ (Mt 9,13). Einem Selbstgerechten kann Gott nicht helfen.

Warum haben wir nur so viele stolze, selbstgenügsame Christen in unseren Gemeinden? Warum findet man in unserer Mitte so wenig Zerbrochenheit? Warum hat es den Anschein, als wären einige unserer Prediger nur profilierungssüchtig und auf ihr

Image bedacht? Warum sind wir immer schnell dabei, Menschen zu rühmen? Weil wir das Ausmaß unserer Sünde nicht erkannt haben. Wir haben nicht begriffen, wie verloren wir ohne Gott sind. Wir haben keinen Blick für unseren natürlichen Zustand: nicht kränklich, sondern in Verwesung begriffen; nicht kritisch, sondern tot wie eine Leiche! Der nicht errettete Mensch ist tot; er kann sich nicht selbst zum Leben erwecken.

Mit dieser Realität vor Augen müssen wir auf die Unerlösten zugehen. „Nehmt die Binde von ihren Augen, die Satan ihnen umgebunden hat; schlagt und hämmert und brennt mit dem Feuer des Heiligen Geistes eure Worte in ihre armen, verhärteten, verfinsterten Herzen, bis ihnen klar wird, daß sie **in Gefahr** sind, daß etwas nicht stimmt. Geht ihnen nach“[9] (Catherine Booth). Ohne den Herrn *gehen sie zugrunde.*

Als Petrus am Pfingsttag predigte, „... drang es ihnen durchs Herz, und sie sprachen zu Petrus und den anderen Aposteln: ‚Was sollen wir tun, ihr Brüder?‘“ (Apg 2,37). Wodurch wurden sie derart überführt? Wodurch wurden sie derart hinterfragt? „Das ganze Haus Israel wisse nun zuverlässig, daß Gott ihn sowohl zum Herrn als auch zum Christus gemacht hat, diesen Jesus, den ihr gekreuzigt habt“ (Apg 2,36). Was für ein Schrecken! Was für ein Grauen! Blankes Entsetzen! Wir haben unseren Messias gekreuzigt! Wir haben die Hoffnung Israels ans Holz genagelt! Und jetzt sitzt er als Herr auf dem Thron. Brüder, helft uns! Was sollen wir tun?

Wenn Menschen das Ausmaß ihrer Sünde erkennen, wenn ihnen bewußt wird, daß sie durch nichts in der Welt ihre Schuld tilgen können, wenn sie verstehen, daß das Gericht unmittelbar bevorsteht, werden sie „... dem kommenden Zorn entfliehen“ (Mt 3,7) und schreien: „Was muß ich tun, um gerettet zu werden?“ (Apg 16,30; Menge). Auf einmal erscheint die Gnade Gottes riesengroß!

> „Erfüllte euch die Erinnerung an eure Sünde je mit Schmerz? War euren Gedanken die Last eurer Sünden unerträglich? War euch je bewußt, daß der Zorn Gottes wegen eurer tatsächlichen Vergehen gegen ihn zu Recht auf euch fallen könnte? Taten euch in eurem Leben jemals

> eure Sünden leid? Konntet ihr je sagen: ‚Meine Sünden sind mir über den Kopf gewachsen und sind viel zu schwer, als daß ich sie tragen könnte.‘? Ist euch diese Erfahrung vertraut? Wenn nicht, dann nennt euch um Jesu Christi willen nicht ‚Christen‘; ihr mögt euren Herzen Frieden zusprechen, aber es gibt keinen Frieden. Möge der Herr euch erwecken, möge der Herr euch bekehren, möge der Herr euch Frieden schenken ... bevor ihr heimgeht!“[10] (George Whitefield)

Bedenken Sie die Worte des Herrn:

> „Sobald der Hausherr aufgestanden ist und die Tür verschlossen hat und ihr anfangen werdet, draußen zu stehen und an der Tür zu klopfen und zu sagen: Herr, tu uns auf! wird er antworten und zu euch sagen: Ich kenne euch nicht und weiß nicht, woher ihr seid ... Weicht von mir, alle ihr Übeltäter! Da wird das Weinen und das Zähneknirschen sein, wenn ihr Abraham und Isaak und Jakob und alle Propheten im Reich Gottes sehen werdet, [*während ihr selbst hinausgestoßen seid*]“ (Lk 13,25.27-28; teilw. Menge).

Was für ein entsetzlicher Gedanke. Einige Leute werden *hinausgestoßen* werden! Da wird *Weinen und Zähneknirschen* sein – äußerste Finsternis und keine Aussicht auf Erleichterung. Und dann die schlimme Beschuldigung: Wir haben den Menschen nicht die Wahrheit gesagt!

„Da ist ein Sünder, der sich noch im Zustand der Auflehnung gegen Gott befindet. Gott tritt vor ihn hin, in der einen Hand die Vergebung, in der anderen das Schwert, und stellt ihn vor die Alternative, Buße zu tun und die von ihm dargebotene Gnade anzunehmen oder sie zurückzuweisen und dem ewigen Tod anheimzufallen“[11] (Charles Finney). Predigen wir dieses Evangelium?

Hören Sie, was Finney noch sagt:

> „Es ist von größter Wichtigkeit, daß man dem Sünder *seine Schuld* zum Bewußtsein bringt, anstatt ihm den Ein-

druck zu geben, er sei *unglücklich*. Es ist ein Fehler, der vielfach gemacht wird, und der mir besonders häufig in Büchern entgegentritt, in denen von diesem Thema die Rede ist. Dadurch kommt der Sünder dazu, sich mehr mit dem Schmerz, den ihm seine Sünden verursachen, als mit seinen Sünden selbst zu beschäftigen, und seinen Zustand eher für *unglücklich* als verbrecherisch zu erachten ...

Man soll versuchen, [dem Sünder] klar zu machen, daß alles, was er zur Entschuldigung vorbringt, weshalb er sich [Gott] nicht unterwirft, Rebellion gegen Gott ist. Entreißt ihm die letzte **Lüge**, an die er sich klammert, und [vermittelt ihm das Gefühl, daß er vor Gott absolut verdammt ist]." Das ist das Evangelium der Gnade.

„Ich predigte von George Whitefields Kanzel – der Mauer ... Viele, das ist meine Überzeugung, sahen sich selbst entblößt, verwundet und halb tot *und sind deshalb bereit für das Öl und den Wein*"[12] (Charles Wesley). Die Patienten waren bereit für die Operation. Es war Zeit, daß sich die Gnade erwies.

* * *

Wenn wir tatsächlich erkennen würden, daß wir früher hoffnungslos verloren waren, wären wir Gott heute unaussprechlich dankbar – denn, wem viel vergeben ist, der liebt viel (vgl. Lk 7,40-50). Könnte uns irgend jemand mehr wert sein als Jesus, der *für uns* den Zorn des Vaters auf sich nahm?

Im Alter von fünfzehn Jahren erlebte der frischbekehrte Hudson Taylor eine ganz besondere Zeit der Gemeinschaft mit Gott. „Sehr gut erinnere ich mich an jene Begebenheit, wie ich mit frohem Herzen meine Seele vor Gott ausschüttete und immer wieder meine dankbare Liebe zu ihm bekannte, der alles für mich getan hatte – der mich rettete, als ich jede Hoffnung auf, ja sogar das Verlangen nach Errettung aufgegeben hatte. Ich flehte ihn an, mir doch etwas zu geben, was ich als Ausfluß meiner Liebe und Dankbarkeit für ihn tun könnte, irgendeinen Dienst der Selbstverleugnung, ungeachtet dessen, was es sein möge, wie anspruchsvoll oder wie trivial; etwas, an dem er Gefallen finden würde und das ich für ihn tun könnte, der so viel für mich getan hatte."[13] Er hat so viel für uns getan!

John Hyde, der „betende Hyde", ein Missionar in Indien, wurde im Glauben erzogen und verfiel nie dem Lebensstil der Welt. Dennoch erkannte er, wie groß seine eigene Sünde war und wie sehr er Gottes Gnade brauchte. Jesus was Hydes geliebter Heiland, und das Heil war in seinen Augen etwas unschätzbar Wertvolles. „Vor Jahren empfand ich einmal, daß ich dem Herrn Jesus, der mich so liebt, etwas ganz Besonderes geben sollte. Ich übergab Ihm damals mein eigenes Leben voll und ganz und versprach ihm, daß niemand und nichts in mein Leben hineinkommen sollte, mit dem Er diese Liebe zu teilen hätte. Ich versprach damals dem Herrn, nicht zu heiraten, sondern nur ganz und gar für ihn zu leben."[14] Ledig oder verheiratet – sollen wir weniger lieben?

Wenn wir tatsächlich erkennen würden, daß wir früher hoffnungslos verloren waren, würden wir vor nichts haltmachen und kein Opfer scheuen, um andere verlorene Sünder mit der frohen Botschaft zu erreichen. Aus diesem Grund haben zahllose Missionare ihr Leben gegeben, Widrigkeiten und Hunger ertragen und Verfolgung und Verluste erduldet. Was sollten sie angesichts einer derart gewaltigen und herrlichen Erlösung auch anderes tun? „Als er sah, daß seine eigene Seele Jesus Christus brauchte, wurde es seine Leidenschaft, jeder Seele Jesus Christus zu bringen"[15]. (Zitat über Jonathan Goforth, der sich hingab, um die Verlorenen in China und in der Mandschurei zu gewinnen.)

William C. Burns wurde 1832 in Schottland wiedergeboren und wußte sofort, wie sehr er in Gottes Schuld stand: „Fast im selben Augenblick spürte ich, daß ich meine derzeitige Arbeit aufgeben und mich Jesus im Dienst an diesem herrlichen Evangelium hingeben müsse, durch das ich selbst gerettet worden war."[16]

Im Jahr 1847 öffnete sich für den mittlerweile 31-jährigen nach neun glorreichen Jahren als Erweckungsprediger in und rund um Schottland endlich die Tür zum Missionsfeld. Als er gefragt wurde, wie schnell er seine Arbeit in China aufnehmen könnte, erwiderte er: „Morgen!"

Jahre später, als er die Überzeugung gewann, daß er für seine Arbeit in China weitere Mitarbeiter bräuchte, stiftete Burns seiner eigenen Missionsgesellschaft sein *ganzes Jahresgehalt* mit der Bitte, weitere Arbeiter zu senden.

Vergegenwärtigen Sie sich auch, was John G. Lake erlebte:

> „Als ich auf dem Missionsfeld in Afrika war, setzten sich meine Frau, sieben Kinder und ich hundert Mal an den Tisch und hatten nichts zu essen außer Maisbrei und manchmal nicht einmal Salz zum Darüberstreuen; dennoch predigte ich drei- oder viermal am Tag und diente fortwährend den Kranken. Mein Herz hungert heute danach. Ich würde sagen: ‚Pasteten und alles andere, ade!' und wieder zurück zum Maisbrei, wenn ich denselben Sieg für Jesus Christus haben könnte."[17]

Als Lake in Los Angeles war, bekam er einmal einen Brief von einem seiner Missionare aus dem Herzen des Basutolands. „Mister Lake", hieß es darin, „meine Schuhsohlen sind durchgelaufen, meine Füße bluten, meine Schienbeine sind zerschnitten und mein Körper ist wund." Doch Lake hatte kein Mitleid mit ihm. „Bruder, deine Schuhe sind durchgelaufen und deine Füße bluten für den Herrn Jesus Christus. Schon so manches Mal bekamen Menschen blutige Füße und einen wunden Körper im Dienst für den Teufel, und wir können für den Sohn Gottes und das ewige Leben ganz gewiß genauso weit gehen und ein bißchen weiter."[17]

Und wie erging es einem leidenschaftlichen und zerbrochenen Evan Roberts, als sich ihm, wie er es formulierte, „... die Erlösung der menschlichen Seele nachdrücklich einschärfte"? „Ich war entzündet mit dem Verlangen, ganz Wales der Länge und Breite nach abzuwandern, um vom Heiland zu erzählen; und *wäre es möglich, wäre ich bereit gewesen, Gott dafür zu bezahlen, um dies tun zu können.*"[18]

So erschütterte Paulus seinerzeit die Welt:

„Denn obwohl ich von allen Menschen unabhängig bin, habe ich mich doch allen zum Knecht gemacht, um recht viele von ihnen zu gewinnen ... für alle bin ich alles geworden, um auf jeden Fall einige zu retten“ (1 Kor 9,19.22; Menge).

Und wir? Sind wir Gott weniger schuldig?

Kapitel 5

Unser Evangelium hat keinen Biß!

Jahr für Jahr sterben mehr als zehntausend Christen den Märtyrertod. Das ist eine Tatsache. Alljährlich werden *mehr als 10 000 Menschen* dafür umgebracht, daß sie Jesus als Herrn verkündigen. Wie kann das sein? Selbst wenn wir diese Zahl für zu hoch halten (einige Experten behaupten, sie sei viel zu niedrig angesetzt!), selbst wenn man dabei sowohl Christen mitrechnet, die schuldlos Terroranschlägen zum Opfer fallen, als auch Menschen, die eher aus politischen als aus geistlichen Gründen ermordet werden, selbst wenn es nur *tausend* Gläubige sind, die jedes Jahr als Märtyrer sterben, ist diese Zahl für uns Christen in der westlichen Welt überaus erstaunlich.

Würde man beispielsweise bei uns einen Christen wegen seines Glaubens töten, gäbe es einen Aufruhr im ganzen Land. Das ganze Volk Gottes ginge auf die Barrikaden. So ein Vorfall würde überall im Land Schlagzeilen machen. Es wäre ein Verbrechen mit nationalen Dimensionen. Vielleicht würde man sogar einen Film darüber drehen!

Worin liegt dann der Unterschied zwischen einem Land im Westen und dem Iran (wo konvertierte Muslime an Ort und Stelle getötet werden können) oder zwischen unserem Land und Albanien (wo Christen schon in Fässer verschweißt und im Meer ausgesetzt wurden)? Warum gibt es hier bei uns praktisch keine Christenverfolgung? Es stimmt, daß wir uns von den marxistischen und islamischen Ländern unterscheiden. Unser Grundgesetz garantiert Religionsfreiheit. Wir können nach Herzenslust evangelisieren und predigen. Außerdem sitzen oft gottesfürchtige Menschen in den Regierungen. Doch sind beispielsweise die USA eine „christliche" Nation? Wohl kaum!

In den USA nehmen mehr Teenager Drogen und lassen sich mehr Ehepaare scheiden als in allen anderen industrialisierten

Nationen. Die USA sind weltweit der mit Abstand größte Bierproduzent; in puncto Alkoholkonsum liegen wir, pro Kopf gerechnet, weltweit an dritter Stelle. Das „christliche“ Amerika hat mit die liberalsten Abtreibungsgesetze der Welt: Seit 1973 haben wir 25 Millionen Babys *legal* ermordet; heute kommen auf 100 Geburten 42 Babymorde. Das Schulgebet ist gegen das Gesetz. In den Schulbüchern unserer Kinder werden Buddha und Mohammed hochgelobt, während sich zynische und sarkastische Professoren um unsere „höhere Schulbildung“ kümmern. Liberale Medien versorgen unser Volk mit Nachrichten, und inzwischen wird schon in Tante-Emma-Läden Schmutz verkauft. Magazine, die noch vor ein paar Jahrzehnten wegen ihres obszönen Inhalts schwer zu bekommen gewesen wären, liegen heute im Regal neben der Kasse, wo sie jedes Kind sehen kann! *Wir sind keine „christliche“ Nation!*

Alljährlich feiert man in Umzügen und Paraden die Freizügigkeit von Homosexuellen und Lesbierinnen, und nicht einmal AIDS hat uns veranlaßt, einen Gang zurückzuschalten. Als unlängst bekannt wurde, daß ein Kongreßabgeordneter mit einem Callboy zusammenlebt, zögerte man, ihn aus dem Kongreß auszuschließen. Warum? Weil sich zu viele andere Senatoren ähnlicher Perversionen schuldig gemacht haben. All das spielt sich unter den gewählten Volksvertretern unseres Landes ab, dieser „einen Nation unter Gott“, wie es heißt.

O ja, danken wir Gott für Amerika! Unser Land ist eines der größten Länder, das je existiert hat, und wir haben so viel zu geben. Doch denken Sie daran, daß nicht in erster Linie der Kommunismus oder der Islam dem Evangelium widerstehen, sondern die Welt. *Und unser Land ist „von der Welt“*.

Warum gibt es dann hier im Westen praktisch keine Christenverfolgung? *Weil unser Evangelium keinen Biß hat!* Es vermag kaum die Sünde im Leib Christi zu offenbaren, geschweige denn, in der Welt. Wie lassen wir unser Licht leuchten? Wie konfrontieren wir die Welt mit der Gerechtigkeit Gottes? Wie erschüttern wir unsere Gesellschaft? Warum gelingt es uns kaum mehr, daß sich jemand unbehaglich fühlt?

Es läßt sich nicht leugnen, daß der Feind wütet und tobt, wenn wir dem Teufel auf die Zehen treten, indem wir gegen die Ermordung unschuldiger Babys protestieren oder die üblen Machenschaften der Pornographie ans Licht bringen. Wir wagen es, in sein bewachtes Terrain einzudringen, und das schmeckt ihm überhaupt nicht. Doch das ist die Ausnahme, nicht die Regel. Der Teufel kann sich immer noch recht sicher fühlen. Er sieht, daß die meisten unserer Worte und Taten wirkungslos sind. Und er sieht, daß fast alle unsere Bestrebungen und Dienste darauf ausgerichtet sind, uns selbst aufzubauen und nicht, die Welt zu erreichen. *Mästen wir uns selbst für die Schlachtung?*

Wir amerikanischen Christen geben gemeinsam mehrere hundert Millionen Dollar zu unserer eigenen Auferbauung aus, während Arbeiter im Ausland mit den finanziellen Brosamen, die von unseren Tischen fallen, mehrere hundert Millionen unerreichter Landsleute evangelisieren könnten. Und um das Ganze noch schlimmer zu machen, hat – trotz all unserer Bestrebungen – unser Dienst an uns selbst dazu geführt, daß wir inaktiv und passiv sind und uns in einer gefallenen, sterbenden Gesellschaft himmelschreiend wohl fühlen. Wen wundert's, daß Satan keine Angst vor unseren hochtrabenden Worten hat? Sie haben den Leib Christi nicht erschüttert; wie können sie dann die Welt erschüttern?

Seit einigen Jahrzehnten werden wir mit geistlichen Radio- und Fernsehprogrammen regelrecht überschwemmt. Doch nach allen gängigen Kriterien für Anstand und Moral gemessen, ist unser nationales Niveau in den Keller gesunken. Was hat all unser Predigen Gutes bewirkt?

Viele junge Menschen wollen einen „geistlichen Dienst" haben. Sie suchen nach Gelegenheiten, anderen von der Bibel zu erzählen. Nun, es gibt genügend Straßenecken in unseren Städten für junge Prediger mit einer Botschaft! Wir brauchen weiß Gott nicht noch mehr Lehrer und Leiter, die unseren Feinschmeckergemeinden topaktuelle Gourmethäppchen aus dem Wort Gottes servieren! *Wir müssen uns ins Getümmel stürzen* – dann werden wir auch Resultate sehen, dann werden die Funken fliegen.

Nehmen wir ein Beispiel aus der säkularen Gesellschaft. Als die USA 1989 begannen, Kolumbien ihre Zusammenarbeit bei der Verhaftung und Auslieferung großer Drogenbosse anzubieten, hatte das schwerwiegende Konsequenzen. Die Drogenbosse reagierten mit massiver Gewalt: Sie sprengten Flugzeuge in die Luft, ermordeten Zeitungsreporter, entführten unschuldige Zivilisten und warfen Bomben auf Polizeizentralen. Warum? Weil sie zur Rechenschaft gezogen wurden; ihr Lebensstil war bedroht.

Mit dem Evangelium ist es genau dasselbe. Die Leute werden zornig, wenn wir ihnen erzählen, daß sie Sünder sind, daß ihr Handeln Konsequenzen hat, daß sie eines Tages für ihre Taten gerichtet und dabei ohne jeden Zweifel schuldig gesprochen werden. Doch wenn wir lediglich sagen: „Glaube nur!", ohne daß Buße, Hingabe und eine Veränderung des Lebensstils erforderlich wären, warum sollten sie daran Anstoß nehmen? Ziehen wir irgend jemanden zur Rechenschaft? Überführen wir die Menschen von ihrer Sünde? Wir predigen einfach nicht den ganzen Ratschluß Gottes. Wenn wir das täten, würde angesichts der Breitenwirkung der Medien das gesamte amerikanische Volk zittern und beben.

Angenommen, Paulus und Petrus würden noch leben und in Ländern der westlichen Welt dienen. Würden sie auch nicht verfolgt werden? Natürlich würden sie verfolgt werden. Warum? Weil sie für den Teufel eine Bedrohung darstellen würden. Sie würden den Mächten der Finsternis erhebliche Schwierigkeiten bereiten und die Gottlosen in ihrem sündhaften Lebensstil empfindlich stören.

Sehen Sie sich nur die Apostelgeschichte an. Die Apostel wurden von Götzendienern geschlagen und gesteinigt und von scheinheiligen religiösen Führungspersönlichkeiten ins Gefängnis geworfen. Warum? Weil ihre Botschaft eine Bedrohung für das Reich der Finsternis war. Sie war schlecht fürs Geschäft!

Verfolgung tritt immer dann auf, wenn das Evangelium für eine degenerierte, pervertierte Gesellschaft und eine erkaltete, gesetzliche religiöse Leiterschaft zur Bedrohung wird. *Wenn die Geschäfte des Reiches Gottes gut gehen, gehen die Geschäfte des Teufels schlecht.* Über eins können wir uns sicher sein: Wenn wir wirklich und de facto ins Reich Satans eindringen würden, würden wir auch sein Schnauben spüren. Statt dessen sind wir eins mit der Welt und mit dem religiösen Establishment geworden.

Das ist auch der Grund, warum wir von beiden praktisch keine Verfolgung zu befürchten haben.

Die Botschaft, die Paulus hatte, wirkte sich so nachhaltig auf die Bewohner von Ephesus aus, daß der Verkauf von Götzenbildern dort schlagartig sank. Sie löste einen regelrechten Aufstand in der Stadt aus, weil die Silberschmiede und Handwerker befürchteten, sie würden bankrott gehen (vgl. Apg 19). Doch in unserer großen Nation sind wir heute Zeugen einer denkbar merkwürdigen Entwicklung: Es werden immer mehr „Götzenbilder", aber *gleichzeitig* auch immer mehr Bibeln verkauft. Obwohl viele Menschen „gerettet" werden, wird anscheinend nicht viel weniger gesündigt! Unser Leben ist derart mit dieser im Verfall begriffenen Welt verflochten, daß wir ihr keinen heiligen Maßstab mehr vorgeben können.

Als vor fünfhundert Jahren der prophetische Priester Girolamo Savonarola in Florenz predigte, spürte man die Schockwellen seiner Botschaft in der ganzen Stadt: „Auf seine Predigten ‚... reagierten die Leute mit derartigem Entsetzen, mit so großer Unruhe und mit Schluchzen und Weinen, daß sie schweigend, mehr tot als lebendig, durch die Straßen gingen', als er das drohende Gericht über Kirche und Land prophezeite"[19] (Winkie Pratney mit einem Zitat von Harold Fischer). *Und seine einzige Waffe waren Worte.*

„Ich hingegen, ich bin mit Kraft erfüllt durch den Geist des Herrn, und mit Recht und Stärke, um Jakob zu verkünden sein Verbrechen und Israel seine Sünde" (Mi 3,8). Kurze Zeit später wurde Savonarola verhaftet, gefoltert und hingerichtet – doch erst, nachdem Italien mit der Wahrheit konfrontiert worden war. Möge Gott uns eine ganze Generation heiliger Männer und Frauen des Geistes mit zerbrochenen Herzen schenken, die mit Feuerzungen reden, um die Sicherheit dieser Welt durch die Kraft des Wortes zu erschüttern. Ach, wenn nur das scharfe, durchdringende Schwert der Wahrheit schon gezückt wäre!

Als Stephanus die religiöse Führung seiner Zeit der Halsstarrigkeit und Herzenshärte bezichtigte „... wurden ihre Herzen durchbohrt, und sie knirschten mit den Zähnen gegen ihn" (Apg 7,54). Heute bringen wir niemanden mehr auf die Palme. Unsere Botschaften sind eher dazu geeignet, die Menschen einzuschläfern, anstatt sie zum Weinen zu bringen; sie sind so konzipiert, daß sie uns das Lob der Menschen einbringen, anstatt ihren Zorn zu wecken. Wen fordern wir eigentlich noch heraus? Wir haben Frieden mit dem religiösen Establishment geschlossen.

Wir unterscheiden uns kaum noch von den „toten" Großkirchen: Wir gehen am Sonntag vormittag in den Gottesdienst, besuchen unter der Woche eine Bibelstunde oder einen Gebetsabend und *belassen unsere Religion innerhalb unserer heiligen Mauern* (wenn wir es ernst meinen und sie zu uns nach Hause holen, dann sperren wir sie in unsere eigenen vier Wände ein!). Wer in aller Welt sollte uns verfolgen? Wir sind zu harmlos und zu zahm.

Hören Sie die feurigen Worte, die Catherine Booth vor über hundert Jahren in England sprach: „Opposition! Es ist ein schlechtes Zeichen, wenn die Christenheit unserer Tage so wenig Opposition hervorruft. Wenn es keine anderen Beweise dafür gäbe, daß sie falsch liegt, würde ich es daran erkennen. Wenn der Leib Christi und die Welt einträchtig Hand in Hand gehen können, kann man sicher sein, daß etwas nicht stimmt. Die Welt hat sich nicht verändert. Ihr Geist ist derselbe wie früher auch, und wenn die Christen dem Herrn im gleichen Maße treu und hingegeben und von der Welt abgesondert wären, indem sie so lebten, daß ihr Leben eine Rüge für jegliche Gottlosigkeit wäre, würde die Welt sie auch so hassen wie eh und je. Der *Leib Christi* hat sich verändert, *nicht* die Welt."[20] Was soll man dagegen einwenden?

Die Bibel läßt keinen Zweifel:

> „*Alle* aber auch, die gottesfürchtig leben wollen in Christus Jesus, werden verfolgt werden" (2 Tim 3,12).
> „Wenn die Welt euch haßt, so wißt, daß sie mich vor euch gehaßt hat. Wenn ihr von der Welt wäret, würde die Welt das Ihre lieben; weil ihr aber nicht von der Welt seid, sondern ich euch aus der Welt erwählt habe, darum haßt euch die Welt. Gedenkt des Wortes, das ich euch gesagt habe: Ein Sklave ist nicht größer als sein Herr. Wenn sie mich verfolgt haben, werden sie auch euch verfolgen ..." (Joh 15,18-20).

Über die offensichtliche und klare Bedeutung dieser Verse kann man sich nicht hinwegsetzen: Wenn wir im vollsten Sinn des biblischen Wortes ein Gott wohlgefälliges Leben führten, *würde man uns verfolgen*. Wenn wir nicht von der Welt wären so wie Jesus nicht von der Welt war, *würde man uns hassen, wie man ihn haßte*.

Noch heute lehnen die Menschen in der Welt den Sohn Gottes ab.

Und warum lehnen sie uns nicht ab?

Kapitel 6

In der Welt und von der Welt

Als Paulus den Korinthern auftrug, mit niemandem „... Umgang zu haben, der *sich selbst als Bruder bezeichnet*, aber in sexuellen Dingen unmoralisch ist oder habsüchtig oder ein Götzendiener oder ein Verleumder oder ein Trunkenbold oder ein Schwindler", wies er mit Nachdruck darauf hin, daß er sich *nicht* auf Unbekehrte beziehe, sondern auf jene, die sich Christen nennen, aber nicht wie Christen leben. Denn sonst, sagt er, „... müßtet ihr ja die Welt verlassen" (1 Kor 5,9-11; wörtl. a. d. Engl.). Heutzutage sieht die Situation anders aus: Um den Anweisungen des Paulus Folge zu leisten, müßten wir praktisch den Leib Christi verlassen!

In früheren Zeiten ging die Gemeinde Jesu in die Welt und bekehrte die Verlorenen zum Herrn; heute ist die Welt in die Gemeinde Jesu eingedrungen und hat das Gesetz des Herrn pervertiert. Vor zweitausend Jahren staunte die antike Welt über den Mut der Jünger; heute amüsiert sich die moderne Welt über unsere Fleischlichkeit. Früher evangelisierten wir erfolgreich die Verlorenen, heute unterhalten wir sie. Unser Evangelium ist eher anspruchslos als schonungslos.

Und das ist *die* Tragödie schlechthin: Wir passen unsere Maßstäbe schon so lange den stetig sinkenden Maßstäben unserer Gesellschaft an, daß uns gar nicht mehr auffällt, wie tief wir schon gesunken sind. Betrachten wir zum Beispiel die Frage, ob und wie man sich sittsam zu kleiden hat. Wenn man Ende des vorigen Jahrhunderts an den Strand ging, war der Körper praktisch von Kopf bis Fuß bedeckt. Doch dann zeigte man immer mehr Haut, und heute ist fast alles erlaubt.

Wie sollen sich nun gläubige Wasserratten verhalten? Sie gehen eben auch dort an den Strand, wo sich im und am Wasser halbnackte Leiber tummeln (Um ehrlich zu sein: halbnackt wäre gar nicht einmal so schlimm!), tragen jedoch „sittsame“ Badeanzüge (einige versuchen sogar, „sittsame“ Bikinis zu rechtfertigen). Sittsam!? Im Vergleich wozu? Zur modernen Variante des Feigenblatts? Wie können wir es wagen, uns so freizügig zur Schau zu stellen! Aber nein! Nach dem, was in der Welt üblich ist, sind wir ja noch sehr konservativ. Und was würden wir tun, wenn unsere Regierung überall FKK erlauben würde? Würden wir dann *immer noch* an dieselben Strände gehen? Würden wir dann versuchen, auch nackt „sittsam“ auszusehen? Gott öffne uns die Augen.

Vor kurzem reagierte die Christenheit entrüstet auf den Film „Die letzte Versuchung Christi“. Wiedergeborene Menschen im ganzen Land drohten mit dem Boykott von Kinos, die diesen skandalösen Film zeigten. *Aber eins war noch viel skandalöser als der Film selbst*, nämlich die Tatsache, daß Christen überhaupt mit einer Boykottandrohung gottlose Kinos unter Druck setzen konnten. Das Volk Gottes konnte dem verdorbenen Hollywood drohen, seine Produkte zu boykottieren. Ist das nicht entsetzlich?!

Wir besuchen diese Filmtheater so regelmäßig, daß uns die Inhaber nicht als Einnahmequelle verlieren möchten. *Das* ist die eigentliche Schande! Unter den letzten hundert Hollywood-Filmen gab es keinen einzigen, dem Gott wohlwollend zustimmen könnte, und unter fünfzig neuen Filmen gibt es keinen einzigen, den sich ein im Blut Jesu gewaschenes Kind Gottes ansehen sollte. Warum mischen wir uns unter den Schmutz der Welt?

Als Marie Monson, eine norwegische China-Missionarin, von chinesischen Piraten gefangengenommen wurde, fristete sie lieber zwei Wochen lang ihr Dasein mit nur drei oder vier Eiern pro Tag als gestohlene Nahrungsmittel zu essen. Immer wieder wollten die Piraten sie zwingen, mehr zu essen, doch ihre Antwort lautete stets: „Nein, was ihr anderen Leuten gestohlen habt, kann ich nicht essen.“ Wir hingegen haben kein oder kaum ein Problem damit, ohne mit der Wimper zu zucken unser Geld in Häuser zu tragen, die in der einen Woche unverfrorene Pornographie und Gewalt zeigen und in der anderen Woche irgendeinen netten Familienfilm. Wo ist unser Gefühl für Würde und Rechtschaffenheit geblieben? Wo ist unser Abscheu vor der Sünde geblieben?

Ist ein perverser Angriff auf unseren Heiland wie „Die letzte Versuchung Christi" vonnöten, damit wir endlich aufwachen und erkennen, daß wir als geheiligte Söhne und Töchter Gottes Hollywood mit keinem Pfennig finanzieren sollen? Wenn es dort gottesfürchtige Produzenten und Schauspieler gibt, dann sollen sie aus diesem Sumpf heraussteigen, einen klaren Bruch machen und sich eindeutig zum Herrn bekennen. Wenn sie *mitten in Hollywood* seine Zeugen sein möchten, sollten sie besser voll Ehrfurcht und Gottesfurcht einen absolut kompromißlosen Lebensstil pflegen. Wie viele Gott wohlgefällige Rollen in unanstößigen Filmen gibt es dort überhaupt?

Hören Sie, welchen Maßstab Gott anlegt:

> „Aber unter euch darf es nicht einmal eine Andeutung von sexueller Unmoral oder von irgendeiner Art Unreinheit oder Habsucht geben, *denn dies schickt sich nicht für das heilige Volk Gottes*. Noch soll es Obszönitäten, dummes Geschwätz oder derbe Witze geben, die unangebracht sind, sondern vielmehr Danksagung" (Eph 5,3-4; wörtl. a. d. Engl.)
>
> „Ein reiner und unbefleckter Gottesdienst vor Gott und dem Vater ist dieser: Waisen und Witwen in ihrer Drangsal zu besuchen, *sich selbst von der Welt unbefleckt zu erhalten*" (Jak 1,27).
>
> „Da wir nun diese Verheißung haben, Geliebte, [nämlich Söhne und Töchter des allmächtigen Herrn zu sein] so wollen wir uns reinigen von *jeder* Befleckung des Fleisches und des Geistes und *die Heiligkeit vollenden* in der Furcht Gottes" (2 Kor 7,1).

Was für eine herrliche und hohe Berufung!

Paulus schrieb an die Philipper: „Tut alles ohne Murren und Zweifel, damit ihr tadellos und lauter seid, unbescholtene Kinder Gottes inmitten eines verdrehten und verkehrten Geschlechts, unter dem ihr leuchtet wie Himmelslichter in der Welt, indem ihr das Wort des Lebens festhaltet ..." (Phil 2,14-16). Das muß unser erklärtes Ziel sein: der Welt keine Stolpersteine durch törichtes Handeln in den Weg legen, durch Reinheit und Heiligkeit herausragen und leuchten und das lebendige Wort unmißverständlich, kühn und kompromißlos verkündigen. Doch solange wir versuchen, die Welt zu gewinnen, indem wir uns ihrem Lebensstil anpassen, werden wir nur einen einzigen Kampf kämpfen – den Kampf ums Überleben!

Es ist Zeit für eine Generalüberholung. Wir *müssen* unser Leben neu ordnen. Wir brauchen einen Neuanfang auf unseren Knien mit geöffneter Bibel und offenem Herzen. Bevor wir die Sünde in unserem Land schelten können, müssen wir die Sünde aus unserem eigenen Leben entfernen. Bevor wir Wahrheit und Gerechtigkeit fordern können, müssen wir Unwahrheit und Ungerechtigkeit leidenschaftlich hassen. Wir müssen uns selbst im vollen Licht des Wortes Gottes gründlich unter die Lupe nehmen und Gott bitten, uns offene Herzen zu schenken. In unserem Leben darf kein Stein auf dem anderen bleiben! Es ist besser, wenn unser Herz *jetzt* bis in die tiefsten Tiefen erforscht wird als später vor dem Richterstuhl Christi.

Vielleicht gibt es in unserem Leben untragbare Dinge, die wir bislang nicht im Traum in Frage gestellt hätten. Harmlose, saubere Späße, Zeit mit der Familie, Gemeinschaft und notwendige Erholungszeiten sind natürlich *nicht* das Problem – Verunreinigung und Kompromiß schon. Wie stark zeigen sich gottlose Einflüsse in unserem Denken? Inwieweit finden sich weltliche Prioritäten in unserem Wertsystem wieder? Haben der sündhafte Druck unseres sozialen Umfelds und der Wunsch, akzeptiert zu werden, unseren festen Stand vor Gott ins Wanken gebracht? Wem möchten wir gefallen?

Vielleicht gibt es in unserem Leben krasse Sünden (die uns nur dann nicht auffallen, wenn wir monatelang zu Gott auf Distanz gehen). Haben Sie schon einmal jemanden sagen hören: „Ach, wie die Leute in diesem Film daherreden, das macht mir nichts aus. Früher fand ich das anstößig, heute nicht mehr." (Vergessen Sie Pornofilme oder Filme ab 18; die ab 16 sind schon schlimm genug!) „Gut, einige Sexszenen waren nicht gerade harmlos, aber ich sag's dir: Ich habe schon viel Schlimmeres gesehen!" – so als ob es das Ziel unseres Glaubenslebens wäre, herauszufinden, wie weit wir in Sünde versinken können, ohne ganz darin zu ertrinken! Einige Leute meinen sogar, es sei ein

Zeichen von Reife, wenn man sich Schmutz ansehen oder Müll lesen kann, ohne sich dabei einer Verunreinigung bewußt zu sein!

In Wirklichkeit ist das ein sicheres Anzeichen für eine tiefe Verhärtung. Ein Christ, der dieses Anzeichen an sich feststellt, sollte rasch und ernsthaft Buße tun. Und welches Kind Gottes, das bei klarem Verstand ist, würde überhaupt die Freiheit haben *wollen*, sich selbst solchem Mist auszusetzen? Wie oft heißt es doch, wir sollen ja nicht fanatisch werden. Vergessen Sie dieses Gerede. Es besteht keine Gefahr, daß wir Fanatiker werden! Ganz im Gegenteil: „Der Leib Christi liegt schon so lange unter der Norm, daß es abnorm scheint, wenn er endlich zur Norm zurückkehrt“ (Leonard Ravenhill). Gott will nichts Extremes von uns. Er ruft uns lediglich zur biblischen Norm zurück. *Wir wissen kaum, wo wir anfangen sollen.*

Es geht uns wie dem Frosch, der bei lebendigem Leib gekocht wird. Während die Wassertemperatur langsam steigt, steigt auch die Körpertemperatur des Frosches. Als er erkennt, was mit ihm geschieht, ist es bereits zu spät. Brüder und Schwestern, hören Sie auf die Warnung: Das Wasser beginnt zu kochen, und wir fühlen uns immer noch wohl im Topf! Springen wir hinaus, solange noch Leben in uns ist. Jetzt ist die Zeit, einen klaren Bruch zu vollziehen. Jetzt ist die Zeit, um rigoros reinen Tisch zu machen.

> „Geliebte, ich ermahne euch als Beisassen und Fremdlinge, daß ihr euch der fleischlichen Lüste, die gegen die Seele streiten, enthaltet, und führt euren Wandel unter den Nationen gut, damit sie, worin sie gegen euch als Übeltäter reden, aus den guten Werken, die sie anschauen, Gott verherrlichen am Tage der Heimsuchung“ (1 Petr 2,11-12).

Unser ganzes Leben kann ein Licht für den Herrn sein.
Smith Wigglesworth schreibt:

> „Ich erinnere mich an eine Begebenheit, als ich aus dem Eisenbahnwaggon ausstieg, um mir meine Hände zu waschen. Ich hatte eine Zeit des Gebetes, und der Herr hatte mich bis zum Überfließen mit Seiner Liebe gefüllt.

Ich war zu einer Bibelwoche nach Irland unterwegs und konnte nicht schnell genug dorthin kommen. Ich glaube, daß der Geist Gottes mich so erfüllte, daß wahrscheinlich mein Gesicht bei meiner Rückkehr strahlte. (Niemand kann das von sich behaupten, wenn der Heilige Geist seine äußere Erscheinung verändert.) In meinem Abteil saßen zwei Geschäftsleute beieinander. Als ich das Abteil betrat, rief einer von ihnen: ‚Sie überführen mich meiner Sünde.‘ Innerhalb von drei Minuten bat jeder in dem Eisenbahnwaggon Gott um Errettung. Solche Dinge sind mir schon oft passiert. Paulus spricht von diesem Dienst des Geistes, der dein Leben so effektiv macht, daß die Leute in den Geschäften, in denen du einkaufst, ganz schnell aus deiner Nähe verschwinden wollen, weil sie plötzlich Sündenerkenntnis haben.“[21] Ein derartiges Potential steckt in einem Leben, das voll und ganz hingegeben ist.

All das fängt an, wenn wir der Welt den Rücken kehren und dem absterben, was uns früher gefangenhielt. Es fängt an, sobald wir unseren von Kompromissen durchzogenen Lebensstil neu bewerten und uns Gott als seine Kinder weihen.

Wir machen uns kaum eine Vorstellung davon, wie weit wir schon abgefallen sind.

Kapitel 7

Wer sich auf den Arm des Fleisches verläßt ...

Jesaja wäre schockiert. Hesekiel wäre zutiefst erschüttert. Jeremia wäre am Boden zerstört. Wenn diese Propheten heute noch am Leben wären, würden sie kaum glauben, was sie sähen – *einen Greuel im Haus Gottes.*

> Unbekehrte Marketingexperten schreiben Bittbriefe für finanziell angeschlagene Werke und Dienste ...
> Computerdrucker spucken zu Tausenden en masse produzierte „persönliche prophetische Worte" aus ...
> Frauen in hautengen Bodys machen Werbung für „christliches Aerobic" ...
> Fernsehprediger in kostspieligen Anzügen versprechen einem Reichtum, wenn man seinen Zehnten an ihren Dienst überweist ...

Auch in der im Blut gewaschenen Gemeinde Jesu hat der Kommerz Einzug gehalten – ihr Propheten weint und wehklagt! Die Mächtigen sind gefallen und immer tiefer und tiefer gefallen. Wer hätte gedacht, daß wir so tief sinken könnten?

Die Kinder des Herrn heuern die Kinder der Welt an, damit sie ihnen helfen, Gelder für das Reich Gottes aufzutreiben. Man sucht Rat bei den Söhnen der Finsternis, wie man das Evangelium des Lichts am besten vermarktet. Die Hand Gottes sitzt mittlerweile auf einem Arm aus Fleisch. Wie kann das sein?

Ein junger Mann arbeitete als Kapitalbeschaffer. Er hatte im Namen religiöser wie auch säkularer Kunden zahlreiche hervorragende Bittbriefe geschrieben. Seine mit Preisen ausgezeichneten Schreiben hingen in Bilderrahmen in seinem Büro. Er wußte, wie man Geld auftreibt. Doch den Herrn kannte er überhaupt nicht.

Er hatte soeben für einen berühmten internationalen Dienst einen dringlichen Spendenaufruf fertiggestellt, als er erfuhr, daß seine Großmutter, eine Christin, im Sterben lag. Er eilte an ihr Sterbebett. Doch sie hatte nur eine einzige Sorge. Sie hatte soeben das besagte, dringliche Rundschreiben erhalten und mußte unbedingt noch vor ihrem Tod *genau diesem geistlichen Dienst* ihre Sozialversicherungsbezüge in Form eines Schecks übersenden. Schließlich brauchte dieser Dienst dringend ihre Hilfe. Könnte ihr Enkel den Scheck noch abschicken, bevor es zu spät wäre?

Sie hatte keine Ahnung, daß es nicht ihr geliebter „Fernsehpastor" gewesen war, der diesen Brief verfaßt hatte. Sie hatte keine Ahnung, daß sie von weltlichem, psychologischem Druck gedrängt wurde und nicht vom Heiligen Geist. Und dieser junge Mann, ihr eigener Enkel, war dafür verantwortlich.

Er war so erschüttert, als er sah, was sein Schreiben bewirkte, daß er sich schwor: „Nie wieder!" Er kehrte diesem Metier ein für allemal den Rücken. Doch der Dienst, der ihm diesen Auftrag gegeben hatte, machte weiter. Bei wie vielen anderen im Sterben liegenden Großmüttern machte er noch Beute? Wie viele arme Witwen überwiesen ihm ihre letzten Dollars? Und wie viel von dem Geld mußte der Marketingfirma als Honorar bezahlt werden? Wie viel davon ging tatsächlich an das Werk des Herrn?[22]

Vor fünfhundert Jahren lebte in Deutschland ein korrupter katholischer Mönch namens Johann Tetzel. Er predigte der breiten Masse die perverse Lehre vom Ablaß: Spende für die Kirche und all deine Sünden sind dir vergeben. Und wenn du genügend spendest, werden sogar deine Geliebten dem Fegefeuer entrissen werden! Tetzel formulierte es so: „Sobald das Geld im Kasten klingt, die Seele aus dem Fegfeuer springt."[23] Was für eine abscheuliche Lehre! Doch die Leute gingen ihr auf den Leim. Sie holte das Geld karrenweise in die Kirchen, zog aber auch das Gericht Gottes nach sich. Es dauerte nicht lange, bis die Reformation Europa erschütterte.

Doch diese Worte kommen uns heute irgendwie seltsam vertraut vor. Fast hat man den Eindruck, als wären wieder Tetzels unter uns! „Wenn du unserem Werk ein Opfer bringst, wirst du geheilt, werden deine unbekehrten Kinder wiedergeboren und wird deine Ehe wiederhergestellt werden, und Gott wird dich reich machen!" Das alles für Ihre nicht unbeträchtliche Spende – solange Sie das Geld *ihrem* und keinem anderen Werk geben!

Wo findet man das in der Bibel? Wo sagt Gott: „Pflanze einen finanziellen Samen und ernte dein Wunder, gleichgültig, was deine Not ist"? Wann hat Jesus je zu einem Blinden gesagt: „Du brauchst nur für meine Organisation zu spenden, und ich werde dir dein Augenlicht wiedergeben"? Und warum müssen wir unser Geld eigentlich *einem speziellen* „supergesalbten" Werk geben? Kann Gott uns nicht segnen, wenn wir unseren Zehnten einfach nur an unsere eigene Gemeinde vor Ort zahlen und unser Opfer für die Missionare geben, die wir ausgesandt haben? Hat Paulus je gesagt: „Ihr werdet besonders gesegnet werden, wenn ihr für *meinen* Dienst spendet, denn ich habe eine Sonderabmachung mit dem Herrn"?

Vielleicht haben jene geistlichen Leiter, die uns fast alles versprechen, wenn wir nur genug für ihre Dienste und Werke spenden, gar nicht die Absicht, uns zu betrügen. Aber wäre es denkbar, daß sie sich selbst betrügen? Hat sie die Notwendigkeit, für ihr Werk Finanzen zu beschaffen, veranlaßt, Tetzels geldgierige Praktiken wiederaufleben zu lassen? Es stimmt: Gott gibt all jenen gute Gaben, die im Glauben für ihn geben. Es stimmt: Wenn wir von Habgier und Geiz befreit sind, öffnet sich für uns ein Fenster des Segens. Doch einmal mehr wurden die heiligen Verheißungen Gottes „zum Besten der Gemeinde und zum Wohle der Welt" pervertiert. *Vielleicht steht eine weitere Reformation bevor.*

Ahasja war ein gottloser israelitischer König, der bei einem Sturz schwer verletzt wurde. Er schickte Gesandte aus, um einen Gott der Philister zu befragen, ob er wieder gesund werden würde. Doch der Prophet Elia hielt die Gesandten des Königs auf und gab ihnen ein Wort der Ermahnung für Ahasja mit:

> „Gibt es denn keinen Gott in Israel, daß ihr hingeht, um Baal-Sebub, den Gott von Ekron, zu befragen? Darum, so spricht der Herr: Von dem Bett, das du bestiegen hast,

> wirst du nicht herunterkommen, sondern du mußt sterben!" (2 Kön 1,1-4)

Hätte König Ahasja vor dem Herrn gelebt, wie es sich gebührt, hätte er auch keinen heidnischen Götzen zu befragen brauchen. Gott hätte ihn befreit. Dasselbe gilt für uns. Wenn unsere Beziehung zu Gott stimmt, kommt er stets auf uns zu.

Warum befragen wir dann fremde Götter? Würde sich Gott nicht um unsere Nöte kümmern, wenn wir in seinem Willen lebten? Die Tatsache, daß sich einige von uns nicht allein auf Gott verlassen können, belegt, daß er nicht hinter uns steht. Er kommt nicht auf uns zu! Wenn er das tun würde, warum müßten wir uns dann auf den Arm des Fleisches verlassen und den Weg gehen, den die Welt geht? War das nicht der unaufhörliche Kampf der alttestamentlichen Propheten, nämlich Israel davon abzuhalten, auf die Hilfe fremder Armeen und Götter zu vertrauen und zu fordern, daß es sich einzig und allein auf den Herrn verlasse?

Welche Sünde beging König Asa von Juda? Zu Beginn seiner Regentschaft wurde er von den Kuschiten angegriffen, die bei weitem in der Überzahl waren. Aber er verließ sich einzig und allein auf den Herrn und erlebte eine gewaltige Befreiung. Daraufhin schlossen sie einen Bund, „... den Herrn, den Gott ihrer Väter, zu suchen mit ihrem ganzen Herzen und mit ihrer ganzen Seele. Jeder aber, der den Herrn, den Gott Israels, nicht suchen würde, sollte getötet werden, vom Kleinsten bis zum Größten, vom Mann bis zur Frau" (2 Chr 14; 15,12-13).

Doch im sechsunddreißigsten Jahr seiner Regentschaft über Juda wurde Asa vom Norden her von Israel angegriffen. Diesmal stützte er sich auf menschliche Hilfe und *holte Silber und Gold aus dem Tempel des Herrn*, um die Dienste der aramäischen Armee in Anspruch nehmen zu können. Mit Gottes Schätzen wurden ausländische Truppen – Götzendiener – angeheuert, damit sie die Schlacht des Herrn schlügen! Dafür schalt der Seher Hanani König Asa:

> „Weil du dich auf den König von Aram gestützt hast und dich nicht auf den Herrn, deinen Gott, gestützt hast, darum ist das Heer des Königs von Aram deiner Hand entronnen.

> Waren nicht die Kuschiter und die Libyer eine gewaltige Heeresmacht mit Wagen und Reitern in großer Menge? Doch weil du dich auf den Herrn stütztest, gab er sie in deine Hand. Denn des Herrn Augen durchlaufen die ganze Erde, um denen treu beizustehen, deren Herz ungeteilt auf ihn gerichtet ist. Hierin hast du töricht gehandelt. Darum wirst du von nun an Kriege haben" (2 Chr 16,7-9).

Der verärgerte König warf Hanani ins Gefängnis und tat „... in dieser Zeit einigen von dem Volk Gewalt an" (2 Chr 16,10). Im neununddreißigsten Jahr seiner Regentschaft wurde Asa schließlich mit einer schrecklichen Krankheit in seinen Füßen geschlagen. Obwohl sein Zustand kritisch war, *rief er in seiner Not nicht zum Herrn, sondern suchte Rat bei Ärzten* (er verließ sich auf die magische, heidnische Hilfe von Ärzten, die selbst Götzendiener waren; das ist im Hebräischen der eigentliche Sinn von Vers 12). All das tat ein König, dessen Name ursprünglich „Gott hat geheilt" bedeutete!

Aber die Geschichte geht weiter. *Es gibt viele Werke und Dienste in unserem Land, die wie Asa sind.* Anfangs lebten sie im Glauben und vertrauten Gott, und er kam stets auf sie zu und erwies ihnen seine Macht. Häufig taucht sogar das Wort „faith", „Glaube", im Namen oder Motto dieser Dienste auf. Doch als der Druck stärker wurde, wandten sie sich an das Fleisch, so als ob die Hilfe von Menschen sicherer wäre als die Hilfe Gottes! Wie Asa setzten sie die kostbaren Schätze aus dem Haus des Herrn – die Opfer und Spendengelder des Volkes Gottes – ein, um fleischliche Unterstützung zu gewinnen. Selbst in größter Not setzten sie nicht alles daran, den Herrn zu suchen, sondern vertrauten statt dessen auf den Arm – den Erfindungsreichtum – von Menschen. Was für eine Schande!

Heute gibt es Dienste und Werke, die sich aller nur denkbaren fleischlichen, emotionellen und Druck erzeugenden Taktiken bedienen, um über Wasser zu bleiben. Warum? Weil sie versuchen, etwas am Leben zu erhalten, das Gott bereits aufgegeben hat. Sie versuchen verzweifelt, etwas zu stützen und zu halten, das der Herr nicht mehr unterstützt. Was im Geist angefangen wurde, wird nun im Fleisch fortgesetzt. Der himmlische Wohlgeruch ist weg, ja man muß wohl sagen: Da riecht es faulig!

Sind wir etwa ein gutes Vorbild, wenn wir uns so verhalten? Wie Charles Stanley sagt: Wir lehren die Menschen, Gott könne all ihre Nöte lindern, sagen ihnen jedoch im selben Atemzug, unsere Dienste würden scheitern, wenn sie nicht genug Geld spendeten. Wir ermahnen die Menschen zu glauben, daß die Schlacht dem Herrn gehört, sagen ihnen jedoch im selben Atemzug, wir würden den Krieg verlieren, wenn sie nicht an unserer Seite stünden. Wir predigen Gebet und Fürbitte, aber praktizieren Überredungskunst und Bittstellerei. Wann werden wir unsere Lektion gelernt haben?

> „Der König siegt nicht durch die Größe des Heeres; ein Held befreit sich nicht durch die Größe der Kraft. Ein Trug ist das Roß, wenn Rettung nötig ist, und mit seiner großen Kraft rettet es nicht. [*Die heutige Lesart könnte lauten:* Ein Dienst siegt nicht durch den Umfang seiner Adreßliste; ein Prediger befreit sich nicht durch seine Beredsamkeit. Ein Trug ist ein dickes Bankkonto, wenn Rettung nötig ist, und mit all seinen Guthaben rettet es nicht.] Siehe, das Auge des Herrn ruht auf denen, die ihn fürchten, die auf seine Gnade harren, *daß er ihre Seele vom Tod errette* [dazu zählt auch das Einstellen des Betriebs von christlichen Sendern!] *und sie am Leben erhalte in Hungersnot* [in finanzieller wie physischer Hinsicht!]“ (Ps 33,16-19). Ja, „einige vertrauen auf Wagen und einige auf Rosse, *doch wir vertrauen auf den Namen des Herrn, unseres Gottes*“ (Ps 20,7). Können wir das auch zu unserem Bekenntnis machen?

Im Jahr 1865 gründete Hudson Taylor in einem Akt reinen Glaubens die China Inland Mission. Seine prospektiven Missionare durften weder Opfer erheben noch direkte Spendenaufrufe machen. Sie hatten auch kein festes Gehalt, sondern mußten sich ganz und gar darauf verlassen, daß Gott sie versorgt. Doch 1934, fast dreißig Jahre nach Taylors Tod, waren bereits 1368 Arbeiter auf dem Missionsfeld – und Gott versorgte sie alle! Taylors Kredo lautete: „Verlaß dich drauf: Dem Werk Gottes, das getan wird, so wie Gott es will, wird es nie an Gottes Versorgung fehlen." Dieses Prinzip gilt nach wie vor.

Georg Müller war für Hudson Taylor ein Vorbild gewesen. Auch Müller hatte einen festen Entschluß gefaßt: „Ich werde nie wieder zu Menschen gehen anstatt zum Herrn." Wenn Gott im Werk ist, kann er es am Leben erhalten; wenn nicht, dann laß es fallen! Das Wort Gottes ist in dieser Hinsicht sehr klar: „Wenn der Herr das Haus nicht baut, arbeiten seine Erbauer vergebens daran. Wenn der Herr die Stadt nicht bewacht, wacht der Wächter vergebens" (Ps 127,1). Wie jemand vor kurzem sagte, daß Gott nicht wertschätzt, was er nicht einsetzt.

Im Laufe seines siebzigjährigen Dienstes gingen umgerechnet *160 Millionen (160 000 000) D-Mark* durch Müllers Hände, die er in seine Waisenhäuser steckte. Darüber hinaus wandte sein Scriptural Knowledge Institute noch einmal 80 Millionen D-Mark für die weltweite Verbreitung von Bibeln, Traktaten und anderem Lehrmaterial auf. Müller gab bis zu zweitausend Waisen gleichzeitig Nahrung, Kleidung, Schulbildung und ein Dach über dem Kopf, *ohne je irgend jemanden um Geld gebeten oder anderen von seinem Bedarf erzählt zu haben.* Gott versorgte Georg Müller![24]

Etliche Jahre lang war Müller der einzige, der Hudson Taylors Chinamission unterstützte; einmal gab er eine einzige Spende im Wert von 10 000 britischen Pfund – auf heutige Verhältnisse umgerechnet etwa 1,5 Millionen D-Mark! Im Laufe seines Lebens *gab* Müllers Dienst umgerechnet über 40 Millionen D-Mark für die Mission. Diese Summen kamen aus dem Überfluß der überreichlichen Versorgung Gottes. Er versorgt noch heute überschwenglich und überreichlich.

Ist uns klar, daß wir Gott einschränken, wenn wir uns so sehr auf menschliche Hilfe verlassen? Gleichgültig, ob wir uns von der Welt neue Ideen zur Kapitalbeschaffung geben lassen oder uns lediglich auf die finanziellen Ressourcen der Gläubigen verlassen – in beiden Fällen stützen wir uns auf den Arm des Fleisches. „Wie oft ist es unser Bestreben, im Werk des Herrn bis zur Grenze unserer Ohnmacht anstatt bis zur Grenze seiner Allmacht zu gehen!“ (Hudson Taylor) Warum halten wir ihn nach wie vor zurück?

Ihm gehören Silber und Gold. Er wird uns geben, was wir brauchen, wenn wir ihm die Führung überlassen. Weder ist seine Hand zu kurz, um zu retten, noch sein Ohr zu taub, um uns zu hören. Er gibt in Fülle, sobald ich seine Bedingungen erfülle. Gott *wird* sein eigenes Werk finanzieren – überreichlich. „Wir sind aufgefordert, eine unmögliche Aufgabe zu erledigen, aber wir arbeiten ja mit ihm, der das Unmögliche tun kann“ (Taylor). *Schaffen wir unserem übernatürlichen Herrn doch Raum!*

Es ist Zeit, daß wir unser Sicherungsseil weltlicher Abhängigkeit durchtrennen und uns an die Lebensader Gottes anschließen. Irdische Methoden werden keine himmlischen Früchte hervorbringen. Fleischliche Techniken werden keine geistlichen Resultate zeitigen. „Was aus dem Fleisch geboren ist, ist Fleisch, und was aus dem Geist geboren ist, ist Geist“ (Joh 3,6). Was wollen wir gebären? Wachen wir eifersüchtig über die Ehre unseres Gottes und leidenschaftlich über die Reinheit des Evangeliums unseres Messias!

Ist es falsch, wenn Dienste oder Werke sagen, was sie brauchen? Ist es unangebracht, wenn sie uns ihre Visionen und Ziele mitteilen? Natürlich nicht! Auf keinen Fall! Wir *alle* sind Gottes Mitarbeiter. Gemeinsam folgen wir seinem Ruf. Aber Taktiken, die Druck machen, inständige Bittgesuche, Marketinggags, Effekthascherei und Verkaufstricks, aalglattes Verkäufergehabe und manipulative Methoden – allesamt im Namen des Herrn – sind tabu.

> Jesus ist kurz davor, all das aus seinem Munde auszuspeien.

Kapitel 8

Wo ist bloß die Furcht Gottes geblieben?

Amerika ist reif für das Gericht! Unsere selbstsüchtigen Taten sind vor den Thron Gottes gekommen und haben der Beurteilung nicht standgehalten. Unser sündhaftes Leben wurde in die Waagschale geworfen und für zu leicht befunden. Unsere Prediger haben uns nicht deutlich gewarnt, und unsere Lehrer haben uns nicht die ganze Wahrheit gesagt. *Schon jetzt wird unser Land gerichtet.*

Vor vielen Jahren warnte Jesaja Jerusalem: „Und an jenem Tag ruft der Herr, der Herr der Heerscharen, zum Weinen und zur Wehklage auf, zum Kahlscheren und zum Umgürten von Sacktuch. Aber siehe, Wonne und Freude, Rindertöten und Schafeschlachten, Fleischessen und Weintrinken: ‚Laßt uns essen und trinken', [sagt ihr], ‚denn morgen sterben wir!'" (Jes 22,12-13) Heute singen wir eine neue Melodie: „Laßt uns essen und trinken und fröhlich sein. Unser Land wird nicht sterben!" Wir sind uns kaum darüber im klaren, daß unser freies Land vor unseren Augen zugrunde geht.

Wir bewerten die Situation mit unrealistischem Optimismus und wissen nicht, daß innerhalb unserer Kultur der Verfall bereits allgegenwärtig ist. Wir leben selbstgefällig und fühlen uns sicher, wir sind stolz und fühlen uns geschützt, doch die göttliche Axt wurde bereits an die Wurzel unserer Gesellschaft gelegt. Wir sind zu sehr damit beschäftigt, unbeschwert zu leben und unsere Träume zu verwirklichen, um zu erkennen, daß unser Land auseinanderfällt.

Unsere westlichen Nationen sind zutiefst krank. Sie leiden an einer häßlichen Krankheit. *Es gibt kaum Gerechtigkeit im Land.* Nehmen wir Amerika als Beispiel: Die American Bar Association, in der die meisten amerikanischen Rechtsanwälte vertreten sind, sprach sich vor kurzem offiziell für Abtreibung aus, obwohl das doch die Leute sind, die die Unschuldigen *beschützen* sollten. „In der Hauptstadt Washington gibt es im näheren Umkreis rund um das Justizministerium 37 Bücherläden ‚nur für Erwachsene', 8 Sexkinos und 15 Oben-ohne-Bars!"[25] (Quelle: *Christ for the Nations Magazine*) Wen wundert's, daß die amerikanischen Gefängnisse mit landesweit über *einer Millionen* Häftlingen zum Bersten voll sind! Vor kurzem stellte man bei einer Prüfung der Telefonrechnung des Pentagon fest, daß etwa 300 000 Dollar Steuergelder für Telefonsex ausgegeben wurden. Unsere Landesverteidigung hat ihren verwundbaren Unterleib entblößt! Der Feind kann kommen.

Warum legen wir angesichts dessen nicht alles daran, Buße zu tun? Warum beten wir kaum für unser Land? Warum sind wir so lässig und gefühllos? *Weil auch wir die Furcht Gottes verloren haben.* „Gericht" ist inzwischen fast schon ein bedeutungsloser Terminus. Wir haben das Gesetz des Herrn vergessen, doch seine heiligen Maßstäbe haben sich nicht verändert.

> „Wenn dein Bruder, der Sohn deiner Mutter, oder dein Sohn oder deine Tochter oder die Frau an deinem Busen oder dein Freund, der dir wie dein Leben ist, dich heimlich verführt, indem er sagt: Laß uns gehen und anderen Göttern dienen! ... dann darfst du ihm nicht zu Willen sein, und du sollst seinetwegen nicht betrübt sein, nicht auf ihn hören und nicht schonen noch Mitleid mit ihm haben, noch ihn decken [eine ‚gütliche Einigung' stand also völlig außer Frage]; sondern du sollst ihn unbedingt umbringen. Deine Hand soll zuerst gegen ihn sein, ihn zu töten, und danach die Hand des ganzen Volkes. Und du sollst ihn steinigen, daß er stirbt. Denn er hat versucht, dich vom Herrn, deinem Gott, abzubringen, der dich herausgeführt hat aus dem Land Ägypten, aus dem Sklavenhaus. *Und ganz Israel soll es hören, daß sie sich fürchten* und in deiner Mitte nicht länger so etwas wie diese böse Sache tun" (5 Mose 13,7-12).

Doch Amerika hat über zweitausend falsche Religionen und götzendienerische Sekten hervorgebracht, darunter die Mormonen, Christliche Wissenschaft, Zeugen Jehowas und Scientology. Können wir dem Todesurteil noch entkommen?

Moral und Ehre waren früher jedermann heilig. Die Tochter eines Priesters, die sich durch Prostitution befleckte, brachte Schande über ihren Vater und mußte nach dem göttlichen Gesetz Israels *verbrannt werden* (vgl. 3 Mose 21,9). Ein starrköpfiger und rebellischer Sohn, der seinen Eltern nicht gehorchte und nicht auf sie hörte, wenn sie ihn disziplinierten, mußte von den Eltern vor die Ältesten der Stadt gebracht werden mit den Worten: „Dieser unser Sohn ist störrisch und widerspenstig, er hört nicht auf unsere Stimme, er ist ein Schlemmer und Säufer!" (5 Mose 21,20) Dann „... sollen ihn alle Leute seiner Stadt steinigen, daß er stirbt ...", denn der Herr sagt klar und deutlich: „So sollst du das Böse aus deiner Mitte wegschaffen. *Und ganz Israel soll es hören und sich fürchten*" (5 Mose 21,21).

Heute ist genau das Gegenteil der Fall (wir müssen nicht wieder damit anfangen, Ehebrecher zu steinigen, aber wir sind ins andere Extrem verfallen). Wir haben das Böse nicht aus unserer Mitte weggeschafft! Dreiste Sünder werden nicht bestraft; überhebliche Kriminelle verlassen unbehelligt unsere Gerichtssäle. Häufig sind es die Schuldigen, die den Schutz des Gesetzes genießen. Unser Land hat nicht *gehört* und hat sich nicht *gefürchtet*. Deshalb tun auch so viele Menschen unter uns immer wieder Böses.

Einige amerikanische Richter verurteilen Eltern, weil sie ihre Kinder zu Hause unterrichten; andere lassen Eltern darüber im dunkeln, daß ihre eigenen Töchter abgetrieben haben. Ja, wer gegen Abtreibung protestiert, wird niedergeschrieen; wer Abtreibungen vornimmt, wird hochgelobt. Perversion macht sich breit in unserem Land! „Wehe denen, die das Böse gut nennen und das Gute böse; die Finsternis zu Licht machen und Licht zu Finsternis; die Bitteres zu Süßem machen und Süßes zu Bitterem!" (Jes 5,20). Wehe der Nation, deren Gerichte Verbrechen begehen! Vor kurzem wurde ein zweifacher Mörder gegen eine Kaution von *zwei Dollar* wieder freigelassen – nur um wieder zu morden!

Kennen Sie die Verbrechensstatistiken von Saudi Arabien? 1988 wurden lediglich 89 Morde verübt. Es gab nur 2563 unmoralische Handlungen (Sie haben richtig gelesen – Unmoral ist dort ein krimineller Tatbestand), 5312 Fälle, in denen Menschen berauschende Getränke hergestellt, verkauft oder getrunken haben (diese Fälle werden gerichtlich verfolgt!), und eine Diebstahlsrate pro Kopf, die ein Siebzigstel der amerikanischen beträgt.[26] Warum? Weil Ehebrecher enthauptet, Trunkenbolde ausgepeitscht und Dieben die Hände abgehackt werden – in aller Öffentlichkeit, vor den Augen der Menschenmassen! Das ist ein allwöchentlich stattfindendes Schauspiel. Das Signal, das von diesen Maßnahmen ausgeht, ist klar: In dieser streng muslimischen Nation lohnt es sich nicht, gegen das Gesetz zu verstoßen.

Doch in den westlichen Nationen werden wir so erzogen, genau andersherum zu denken (Glauben Sie ja nicht, ich wäre ein Befürworter des muslimischen Gesetzes. Es wäre schon mehr als genug, wenn die Gesetze unseres eigenen Landes tatsächlich zur *Anwendung* kommen würden.) Von Kindheit an wird uns beigebracht: Sünde ist okay, die Begriffe „falsch" und „richtig" sind relativ. Wir tun, was *uns* richtig erscheint. Sogar christliche Gemeinden zucken zusammen, wenn sie das Wort „Disziplin" hören. Wir predigen Gott als Urgroßvater. Er ist immer freundlich, immer nett, stets mit einem Lächeln auf den Lippen. Er wird nie zornig; er ist nie entrüstet. In seinen Augen können wir nichts Falsches tun. Er ist blind für unsere Sünde und unsere Schuld. Doch „Großvater" ist damit gar nicht glücklich. Er erwacht aus seinem vermeintlichen Schlummer. Sein Zorn kommt allmählich über uns, denn schließlich ist er alles andere als blind.

Was bringen die sieben Engel in Offenbarung 15 aus der Gegenwart Gottes mit?

> „Und eines der vier lebendigen Wesen gab den sieben Engeln sieben goldene Schalen, voll des Grimmes Gottes, der da lebt in alle Ewigkeit ... Und ich hörte eine laute Stimme aus dem Tempel zu den sieben Engeln sagen: Geht hin und gießt die sieben Schalen des Grimmes Gottes aus auf die Erde" (Offb 15,7; 16,1).

Und nachdem die sieben Schalen ausgegossen worden sind, wird der Sohn Gottes erscheinen „... vom Himmel her ... in flammendem Feuer“ (2 Thess 1,7-8). Allmählich spüren wir die Hitze.

Ein Gedanke ist wirklich furchterregend: *Jede Sünde, die nicht unter dem Blut ist, muß bestraft werden.* Jede Übertretung muß gerichtet werden. Gott führt Buch über jede Abtreibung, jede Vergewaltigung, jeden Diebstahl, jeden Mord, jede Lüge, jede Ungerechtigkeit, jede Blasphemie, jede ehebrecherische Affäre, jede homosexuelle Beziehung, jeden pornographischen Akt, jedes satanische Ritual, jede gottlose Predigt – jede einzelne Sünde, die je in unserem Land begangen wurde. Er erinnert sich an den Schrei all der hilflosen kleinen Kinder, die mißhandelt wurden, all der verängstigten Ehefrauen, die von ihren Männern geschlagen wurden, all der verzweifelten Armen, die vergessen wurden. Wer kann ermessen, wie groß der göttliche Zorn auf unser Land bereits ist! *Die Container des Gerichts sind randvoll.*

Unser „Alles-ist-erlaubt-Evangelium“ hat uns eingeschläfert. Es ist traurig, mit anzusehen, wie sehr wir getäuscht wurden! Aber „Gott läßt sich nicht verspotten! Denn was ein Mensch sät, das wird er auch ernten [das gilt auch für eine ganze Nation]. Denn wer auf sein Fleisch sät, wird vom Fleisch Verderben ernten; wer aber auf den Geist sät, wird vom Geist ewiges Leben ernten“ (Gal 6,7-8). Wir haben gesät, um unser sündhaftes Wesen zu befriedigen; allmählich beginnen wir, die daraus erwachsende Zerstörung zu ernten. Der Tag der Abrechnung ist da!

Gott sagte zu Israel:

> „Macht euch nicht unrein durch all dieses! [Inzest, Sodomie, Homosexualität, Ehebruch] Denn durch all dieses haben die Nationen sich unrein gemacht, die ich vor euch vertreibe. *Und das Land wurde unrein gemacht, und ich suchte seine Schuld an ihm heim, und das Land spie seine Bewohner aus*“ (3 Mose 18,24-25).

Doch diese Sünden gibt es bei uns im Westen zuhauf. Inzwischen haben sich sogar Organisationen zur Förderung von Inzest gegründet (eine Gruppierung sagt, die sexuelle Aktivität müsse vor dem *achten* Lebensjahr beginnen, sonst sei es zu spät!). Auch Sodomie wurde in einem Pornofilmbestseller auf Zelluloid gebannt. Wer sagt, unser Land werde uns nicht ausspeien? Wenn Gott die Kanaaniter (die keine Bibel hatten!) wegen dieser Greueltaten zerstören konnte, kann er dann nicht auch uns zerstören?

> „Und ihr sollt das Land nicht entweihen, in dem ihr seid; denn *[Blutvergießen] entweiht das Land*; und dem Land kann für das Blut, das in ihm vergossen worden ist, keine Sühnung erwirkt werden außer durch das Blut dessen, der es vergossen hat. Und *du sollst das Land nicht unrein machen*, in dem ihr wohnt, in dessen Mitte ich wohne; denn ich, der Herr, wohne inmitten der Söhne Israel" (4 Mose 35,33-34) Wohnt sein Geist heute in unserer Mitte?

Doch mit Mülleimern, die mit den zerfetzten Überresten abgetriebener Babys überquellen, und Städten, deren Straßen mit dem Blut Ermordeter befleckt sind, steht unsere Zukunft wirklich auf Messers Schneide.

> „Die Schuld des Hauses Israel und Juda ist über die Maßen groß, und *das Land ist mit Gewalttat erfüllt, und die Stadt ist voller Beugung des Rechts*. Denn sie sagen: Der Herr hat das Land verlassen, und der Herr sieht uns nicht. So auch ich – ich werde nicht betrübt sein und werde kein Mitleid haben; was sie getan haben, bringe ich auf ihren Kopf" (Hes 9,9-10; teilw. wörtl. a. d. Engl.). Gottes Gericht war gekommen.

Wie schlecht hätte es für die Länder der westlichen Welt unter dem alttestamentlichen Gesetz ausgesehen! Doch jetzt, in der Zeit der Gnade, sind die schlimmsten Strafen noch weitaus extremer. „Wenn jemand das mosaische Gesetz verworfen (freventlich übertreten) hat, so muß er ohne Erbarmen auf die Aussage von zwei oder drei Zeugen hin sterben: Eine wieviel härtere Strafe, denkt doch, wird dem zuerkannt werden, der den Sohn Gottes mit Füßen getreten und das Blut des Bundes, durch das er geheiligt worden ist, für wertlos geachtet und mit dem Geist der Gnade Spott getrieben hat!“ (Hebr 10,28-29; Menge) *Wir müssen voller Furcht um unser Land zittern.* Die Güte Gottes wird nach wie vor verschmäht.

Wir haben so viel Einsicht und Erkenntnis bekommen. Wieviel Gehorsam wird demnach von uns gefordert werden? Uns wurde soviel Wissen vermittelt. Wie groß ich demnach unserer Verantwortung? „Denn wenn jene nicht ungestraft geblieben sind, die den ablehnten, der sich ihnen auf Erden kundgab, wieviel weniger werden wir dann davonkommen, wenn wir uns von dem abwenden, der vom Himmel her zu uns redet ... Denn wenn schon das durch Vermittlung von Engeln verkündete Wort unverbrüchlich war, und jede Übertretung und jeder Ungehorsam die gebührende Vergeltung empfing, wie sollten wir da der Strafe entrinnen, wenn wir ein so hohes Heil unbeachtet lassen? ... Schrecklich ist es, dem lebendigen Gott in die Hände zu fallen.“[27]

Kann unser Land überhaupt noch umkehren?

Kapitel 9

Wohlstand als Fallstrick

Jeder von uns kennt das Gleichnis vom Sämann. Ein Bauer geht hinaus aufs Feld, um zu säen (sein Same war das Wort Gottes). Ein Teil des Samens „... fiel an den Weg, und die Vögel kamen und fraßen es auf" (Mk 4,4). Damit sind jene gemeint, die die Botschaft vom Reich Gottes zwar hören, aber nicht verstehen. Und sofort „... kommt Satan und nimmt das Wort weg, das in sie hineingesät worden ist" (vgl. Mk 4,15). Es drang nie wirklich bis zu ihrem Herzen vor.

Ein Teil des Samens „... fiel auf das Steinige, wo es nicht viel Erde hatte; und es ging sogleich auf, weil es nicht tiefe Erde hatte. Und als die Sonne aufging, wurde es verbrannt, und weil es keine Wurzel hatte, verdorrte es" (Mk 4,5-6). Damit meint Jesus jene, „... die, wenn sie das Wort hören, es sogleich mit Freuden aufnehmen, und sie haben keine Wurzel in sich, sondern sind Menschen des Augenblicks; wenn nachher Drangsal oder Verfolgung um des Wortes willen entsteht, [fallen sie schnell wieder ab]" (Mk 4,16-17). Dennoch haben sie den Herrn gekannt!

Lesen Sie genau, was die Bibel hier sagt: Die Menschen, deren Herzen mit steinigem Boden mit wenig Erde verglichen werden, hören das Wort und *nehmen es sogleich mit Freunden auf.* Lukas sagt: „... *für eine Zeit glauben sie*, und in der Zeit der Versuchung fallen sie ab" (Lk 8,13) – weil sie keine Wurzel haben! Es liegt nicht daran, daß sie die Botschaft ablehnen würden, nicht daran, daß sie nicht glauben würden, sondern daran, *daß sie keine Tiefe haben.* Ihre Hingabe geht nur ein Stück weit. Wenn der Druck steigt, wenn Schwierigkeiten auftreten, wenn Verfolgung kommt, bricht ihr ganzes Leben mit Gott zusammen. Dieses Bild paßt auf viele von uns!

Seien wir doch ehrlich mit uns selbst. Wenn wir wirklich verfolgt würden, würden die meisten von uns kapitulieren. Wir würden den Herrn verleugnen! Wir sind nicht treu im Kleinen, wie können wir dann erwarten, im Großen treu zu sein? Wenn wir schon *jetzt*, da weder unsere Arbeitsstelle noch unser Haus auf dem Spiel stehen, dem Druck unseres sozialen Umfelds und der Menschenfurcht nachgeben, wie werden wir uns dann erst verhalten, wenn es tatsächlich um unser Leben geht? „Denn wenn man dies tut an dem grünen Holz, was wird an dem dürren geschehen?" (Lk 23,31)

Wir belügen uns selbst, solange wir meinen, wir würden eines Tages mit einem Löwenmut Jesus als Herrn verkündigen – selbst wenn Gewehre auf uns zielen und wir in Todesgefahr sind –, wenn wir ihn heute verleugnen, um unsere Schwiegereltern oder Nachbarn nicht vor den Kopf zu stoßen. Wie sollen wir die große Prüfung bestehen, wenn wir bei den kleinen Prüfungen permanent durchfallen? Wenn wir ununterbrochen in die kleinen Schlingen tappen, die Satan in unserem Leben auslegt – jene hartnäckigen „kleinen" Sünden und alltäglichen Versuchungen –, können wir auch nicht davon ausgehen, daß wir dem letzten, entscheidenden Großangriff Satans widerstehen werden.

Denken Sie daran: Der Zustand derer, die das Wort nicht in der Tiefe des Herzens aufnahmen, wurde erst offenkundig, als Probleme und Verfolgung kamen. Welcher „Herzenszustand" wird an uns offenbar werden, wenn echte Prüfungen kommen? „Wenn du mit Fußgängern läufst und sie dich schon ermüden, wie willst du dann mit Pferden um die Wette laufen? Und wenn du im sicheren Land strauchelst, wie willst du es dann im Dikkicht des Jordan schaffen?" (Jer 12,5; teilw. wörtl. a. d. Engl.) Jetzt ist die Zeit, unseren Wandel mit Gott zu vertiefen. Jetzt ist die Zeit, unseren Glauben zu befestigen. Wir können es uns nicht leisten, nur dazusitzen und abzuwarten!

Wieder ein anderer Teil des Samens „... fiel unter die Dornen; und die Dornen schossen auf und erstickten es, und es gab keine Frucht" (Mk 4,7). Damit sind jene gemeint, die das Wort hören, doch „... die Sorgen der Zeit und der Betrug des Reichtums und die Begierden nach den übrigen Dingen kommen hinein und ersticken das Wort, und es bringt keine Frucht" (Mk 4,19). *Trifft das nicht haargenau auf einen Großteil des Leibes Christi in der westlichen Welt zu?!*

Um uns herum wuchern Dornen: die Sorgen des Lebens, die Freuden der Welt, der trügerische Reiz des Reichtums und die Begierde nach anderen Dingen. Wegen dieser Dornen gelangen die meisten von uns „nicht zur Reife“, und das Wort in uns bringt keine Frucht (Lk 8,14; Mk 4,19). Stellen Sie sich nur vor, wie unser Leben aussehen würde, wenn diese Dornen weg wären! Wir würden uns keine Sorgen mehr um unsere Finanzen oder unsere irdische Sicherheit machen; wir würden unsere Erfüllung nicht mehr in den Freuden dieser Welt suchen; wir würden nicht länger auf Geld vertrauen oder für materiellen Gewinn leben; wir würden uns nicht mehr von Begierden und Wünschen treiben lassen, die von außen auf uns einwirken – jener unersättliche Drang, jemand zu sein, etwas zu haben, etwas zu erreichen und überall außer in Jesus Befriedigung zu finden.

Doch der Leib Christi im Westen lebt nicht nur inmitten von Dornen, er predigt auch ein „dorniges“ Evangelium! Wir erzählen weltlich gesinnten Menschen, die Nachfolge Jesu sei der Weg zum Erfolg. „Wenn du mit dem Herrn gehst“, sagen wir, „wird er dich in Wohlstand leben lassen!“ *Doch das ist nicht das Evangelium.* „Nimm dein Kreuz auf dich“ heißt nicht: „Werde reich und berühmt“. „Gib alles auf und folge mir nach“ ist nicht dasselbe wie: „Du bekommst alles, wenn du mir nachfolgst“. Wir schneidern unser Evangelium für fleischliche Bedürfnisse zurecht.

Jesus sagte: „Fürchte dich nicht, du kleine Herde, denn es hat eurem Vater wohlgefallen, euch das Reich zu geben. [Dieser Vers wird oft als Beweis dafür zitiert, daß Gott uns alle reich machen möchte! Doch das hat Jesus nicht gesagt. Lesen wir weiter ...] *Verkauft eure Habe und gebt den Armen*; macht euch Beutel, die nicht veralten, einen unvergänglichen Schatz in den Himmeln, wo kein Dieb sich naht und keine Motte zerstört. Denn wo euer Schatz ist, da wird auch euer Herz sein“ (Lk 12,32-34). Wo werden unsere Schätze aufbewahrt?

Weil es unserem Vater wohlgefallen hat, uns das Reich zu geben, können wir unsere Habe verkaufen und den Armen geben. „Das Reich Gottes besteht ja nicht in Essen und Trinken, sondern in Gerechtigkeit und Friede und Freude im Heiligen Geist“ (Röm

14,17; Menge). Wir drehen den Spieß um und sagen: „*Weil* uns unser Vater, der König, das Reich gegeben hat, sollten wir anfangen, hier und jetzt wie Königskinder zu leben! Wir verkaufen unsere Habe nicht, sondern häufen uns mehr und mehr Besitztümer an!“ Wir leben gerade so, als *bestehe* das Reich Gottes in Essen und Trinken, in Wollen und Haben, in schönen Autos und luxuriösen Häusern, in dicken Bankkonten und teurer Designerkleidung. Wir haben den Mittelpunkt und das Ziel unseres Glaubens aus den Augen verloren – Jesus, den Sohn Gottes.

O ja, Gott kann und wird sich um all unsere Nöte kümmern; er versorgt uns nicht knauserig oder ärmlich. Er bekommt keine Ehre, wenn wir arm sind und Mangel leiden und er hat nichts davon, wenn wir voller Schulden dahinvegetieren. Er ist ein Gott unendlichen Reichtums, und er kann es sich leisten, ihn mit uns zu teilen. *Alles*, was wir brauchen, finden wir in ihm. Wenn wir zuerst nach seinem Reich trachten, wird er uns versorgen. Doch Gott „wird dem Menschen nicht bei seinen selbstsüchtigen Bemühungen um persönlichen Gewinn helfen. Er wird dem Menschen nicht helfen, Ziele zu erreichen, die, sobald sie erreicht sind, unrechtmäßigerweise das Interesse und die Zuwendung in Anspruch nehmen, die rechtmäßig ihm zustehen“[28] (A. W. Tozer). Materieller Reichtum darf niemals unser Ziel sein.

Paulus hätte uns nicht deutlicher warnen können: „Die aber *reich werden wollen*, fallen in Versuchung und Fallstrick und in viele unvernünftige und schädliche Begierden, welche die Menschen in Verderben und Untergang versenken. Denn eine Wurzel alles Bösen ist die *Geldliebe, nach der einige getrachtet haben* und von dem Glauben abgeirrt sind und sich selbst mit vielen Schmerzen durchbohrt haben“ (1 Tim 6,9-10). Lesen wir diese Verse nicht leichtfertig. Unser Heil könnte auf dem Spiel stehen: Paulus spricht hier von „Versuchung und Fallstrick“, von „Verderben und Untergang“, von „allem Bösen“ und vom „Abirren vom Glauben“.

Deshalb läßt auch seine Ermahnung an Timotheus nicht den allergeringsten Zweifel:

> „Du aber, Mann Gottes, *halte dich von diesem allem fern* [wir heute rennen ihm nach!]. Trachte vielmehr nach

> Gerechtigkeit und Gottseligkeit, nach Glauben und Liebe, nach Standhaftigkeit und Sanftmut ... Die Gottseligkeit mit Genügsamkeit aber ist ein großer Gewinn; denn wir haben nichts in die Welt hereingebracht, so daß wir auch nichts hinausbringen können. Wenn wir aber Nahrung und Kleidung haben, so wollen wir uns daran genügen lassen" (1 Tim 6,11 [Menge], 6-8).

Doch lassen wir uns wirklich daran genügen? Sind wir wirklich damit zufrieden? Oder sind wir wie die Pharisäer, die das Geld liebten und Jesus verhöhnten, als er gegen Habsucht predigte (vgl. Lk 16,14)?

Im Buch der Sprüche heißt es einmal: „Drei sind es, die nicht satt werden, vier, die nicht sagen: Genug! Der Scheol und der verschlossene Mutterleib, die Erde, die an Wasser nie satt wird, und das Feuer, das nie sagt: Genug!" (Spr 30,15-16) Heute können wir noch etwas anfügen: den materialistischen Leib Christi im Westen! Wir sind wie die zwei Töchter des Blutegels, die „Gib her! Gib her!" rufen (Spr 30,15a). Wir haben nie genug!

Mit dem Wohlstands-Evangelium unserer Zeit ist folgendes passiert: *Es ist am seichten Ufer der Habsucht und des Ehrgeizes auf Grund gelaufen; es ist in der stürmischen See der Selbstsucht gekentert; es ist unter der Last begehrlicher Herzen gesunken.* Möge es nie wieder seetüchtig werden!

Wie konnten wir nur so blind sein? Wir haben den Leuten gesagt, sie sollen den Wunsch haben, reich zu werden. Wir haben ihnen gesagt, das Verlangen nach immer mehr Geld sei völlig in Ordnung. Wir haben fleischlich gesinnte Gläubige, die der Welt nicht abgestorben sind, gelehrt, sich nach weltlichem Reichtum auszustrecken. Wir haben versucht, das ganze zu vergeistlichen, so als ob Gott einzig und allein dafür da sei, uns alle Wünsche zu erfüllen. Manchmal wird sogar gelehrt: „Du kannst alles haben, was du aussprichst; deshalb brauchst du es nur ständig zu sagen: ein Swimmingpool, einen Großbildfernseher, eine Nerzstola. Der Herr möchte, daß du im Überfluß lebst!" Das hat zur Folge, daß viele von uns in der Falle sitzen. Wir haben unsere Augen von Jesus ab- und irdischen Reichtümern zugewandt. Einmal mehr hat uns der „Betrug des Reichtums" getäuscht und uns die Ewigkeit aus unseren Herzen geraubt. Einige von uns sind sogar zu *Narren* geworden: Wir haben für uns selbst Schätze gesammelt und sind nicht reich für Gott (vgl. Lk 12,20-21; Menge).

Vor zweitausend Jahren schlug Jesus Alarm: „Seht zu und *hütet euch vor aller Habsucht*, denn auch wenn jemand Überfluß hat, besteht sein Leben nicht durch seine Habe“ (Lk 12,15). Dennoch sind wir heute so weit, daß wir unter dem Deckmantel des großen Glaubens Habsucht glorifizieren und Selbstsucht heiligen. Wir messen den himmlischen Segen nach der irdischen Ausbeute und setzen das wahrhaft Geistliche mit finanziellem Erfolg gleich. Haben wir vergessen, daß „Gott die vor der Welt Armen auserwählt [hat], reich im Glauben und Erben des Reiches zu sein, das er denen verheißen hat, die ihn lieben“ (Jak 2,5)? Ist uns nicht klar, daß „... was unter den Menschen hoch ist, ein Greuel vor Gott [ist]“ (Lk 16,15)? Wer für seinen Reichtum lebt, „... wird dahinschwinden noch während er seinen Geschäften nachgeht“ (Jak 1,11; wörtl. a. d. Engl.). Reinigen wir jetzt unser Herz von aller Begehrlichkeit!

Jakobus warf seinen Lesern vor, sie seien ein ehebrecherisches Volk, das auf du und du mit der Welt steht. Ein Symptom dafür war: „Ihr bittet und empfangt nichts, weil ihr übel bittet, *um es in euren Lüsten zu vergeuden*“ (Jak 4,3). Doch unsere neue Lehre fördert genau diese Art zu bitten und zu beten! Wir haben sie sogar biblisch untermauert! Wir heute wissen wirklich, wie man „das Wort einsetzt“ – um neue Autos und Diamantringe zu bekommen! *Und wir glauben tatsächlich, all das sei geistlich.* Gott, sei uns gnädig!

Es gibt so viel Götzendienst in unserer Mitte. Wie lange werden wir noch überleben können? Paulus sagte, ein Habsüchtiger sei ein Götzendiener und Götzendiener werden das Reich Gottes nicht erben (vgl. Eph 5,5). Sind wir dabei, unser Erbe für ein Stück Brot zu verkaufen?

Nein, es ist nichts daran auszusetzen, wenn jemand Besitz hat. Aber es *ist* etwas daran auszusetzen, wenn der Besitz uns hat! Es ist nichts daran auszusetzen, wenn jemand reich ist, solange das Reich-Sein nicht sein Lebenszweck ist! Wir können nicht gleichzeitig Gott und dem Geld dienen (vgl. Mt 6,24).

Über eins lohnt es sich nachzudenken: Der Götzendienst hat in unserer Zeit ein neues Gesicht bekommen. Leute, die nicht im Traum daran denken würden, bei sich zu Hause ein Bild von Jesus aufzuhängen, weil sie um keinen Preis ein menschliches Abbild haben oder ein Bild zum Götzenbild machen wollen, kleben sich Bilder von schnittigen Autos an die Kühlschranktür, damit sie sie die ganze Zeit sehen können. Sie haben Glauben für einen Satz neue Reifen! Sie haben den „BMW-Glauben" gemeistert und sind nun zum „Sportwagen-Bekenntnis" aufgestiegen. Sie meinen, sie wären nun geistliche Giganten. Doch da liegen sie leider ganz falsch. Vielleicht hat Gott sie ihren „geistlichen Lüsten" überantwortet. Die wahren Glaubensgiganten haben ihren Blick fest auf die Ewigkeit gerichtet. Im Himmel spazieren wir auf Gold!

Hinterfragen wir sorgfältig, was unsere Beweggründe sind. Wir bitten Gott für Finanzen im Überfluß, damit wir bei der weltweiten Verbreitung des Evangeliums mithelfen können, geben aber nur einen winzigen Prozentsatz unseres Einkommens, um die Verlorenen zu erreichen. Sind wir je auf den Gedanken gekommen, wir könnten mit weniger auskommen (ja genau, Opfer bringen!), damit wir mehr geben können? Könnte das das neutestamentliche Evangelium sein? Wir prahlen mit unserem Zehnten. Doch für viele von uns ist er lediglich eine gute finanzielle Investition. Wir geben zehn Prozent um unseres Geldbeutels und nicht um der Reich-Gottes-Arbeit willen. Natürlich lieben wir den Herrn. Doch was er für uns tun kann, lieben wir noch mehr. Das ist doch gemeint, wenn es heißt, daß wir gesegnet werden, oder? Doch wenn wir nun das, was wir „hundertfältig" zurückbekommen, in Form von vielen geretteten Seelen zurückbekommen? Hätten wir dann das Gefühl, wir würden übers Ohr gehauen? Wie sehr sind wir dieser Welt schon abgestorben? Erforschen wir doch unsere Herzen und machen wir eine Inventur unseres Lebens. Das ist unsere Chance, frei zu werden.

Wie leben wir inmitten von Dornen? Was müssen wir tun, um nicht von ihnen erstickt zu werden. Hören wir noch einmal, was Paulus sagt:

„Denen, die Reichtum in der jetzigen Weltzeit besitzen [und damit sind fast *alle* Leute in der westlichen Welt gemeint!], schärfe ein, daß sie sich nicht überheben und ihre Hoffnung nicht auf die Unsicherheit des Reichtums setzen, sondern auf Gott, der uns alles reichlich zum Genießen darbietet. Schärfe ihnen ein, Gutes zu tun, reich an guten Werken zu sein, Freigebigkeit und Mildtätigkeit zu üben und sich dadurch ein sicheres Grundvermögen für die Zukunft anzulegen, damit sie das wirkliche Leben erlangen“ (1 Tim 6,17-19; Menge) Das ist Erfüllung in ihm!

Das Wort gibt jedem von uns noch Hoffnung. Wir können die Dornbüsche ausreißen und das Unkraut entfernen. Wir können unseren Boden gesund und fruchtbar machen. Und wir können für den Herrn Frucht bringen. Denn ein Teil des Samens fällt auf *gute Erde*! Damit sind jene gemeint, die „... in einem redlichen und guten Herzen das Wort, nachdem sie es gehört haben, bewahren und Frucht bringen mit Ausharren ... und es dreißig- und sechzig- und hundertfach [vermehren]“ (Lk 8,15; Mk 4,20).

Mögen wir dafür bekannt werden.

Kapitel 10

Jesus – ein Radikaler

Jesus läßt sich mit niemandem, der je auf Erden lebte, vergleichen. Er war durch und durch heilig, rechtschaffen und gerecht – absolut frei von jeglicher Sünde. Er war völlig rein, liebevoll und barmherzig, ohne den leisesten Unterton von Böswilligkeit oder Gehässigkeit. Er war erfüllt von Gott, persönlicher Ehrgeiz war ihm völlig fremd – das Abbild des Himmlischen, gekleidet in das Irdische. *Und nach dem Maßstab dieser Welt gemessen, war er total radikal.* Deshalb wurde er auch ans Kreuz geschlagen. Der sündhafte Mensch konnte sein Licht nicht ertragen. Sein Blick bringt uns noch heute aus der Fassung. Es ist nicht immer leicht, ihm ins Auge zu schauen.

Wie war Jesus?

Jesus tat nie etwas, um von Menschen gesehen zu werden. Er lebte einzig und allein für seinen Vater. Menschliches Lob war für ihn keine Motivation. Menschliche Kritik beeindruckte ihn nicht. Das Wort „Ruhm" hatte für ihn keinerlei Bedeutung. Da er seinem Vater gefallen wollte, ging es ihm nur um das wohlwollende Lächeln aus dem Himmel. Doch die religiösen Heuchler waren ganz anders: „Alle ihre Werke tun sie in der Absicht, von den Leuten gesehen zu werden" (Mt 23,5; Menge) – wie so viele von uns!

Wie würden wir uns verhalten, wenn uns kein Mensch beobachten und niemand Einblick in unser Leben hätte? Würden wir mehr sündigen? Würden wir weniger dienen? Wem sind wir ähnlicher: Jesus oder den Heuchlern?

Die Heuchler liebten es, in aller Öffentlichkeit den Armen Geld zu geben und zum Beten in die Synagoge zu gehen oder sich an die Straßenecken zu stellen – *um von den Menschen gesehen und bewundert zu werden.* Sie liebten es, bei Festessen auf dem Ehrenplatz und bei öffentlichen Gottesdiensten in der ersten Reihe zu sitzen – *um vor den Augen der Menschen groß herauszukommen.* Sie liebten es, als geistliche Leiter anerkannt zu sein und mit wohlklingenden Titeln angeredet zu werden – *um bei den Menschen anerkannt und respektiert zu sein* – wie so viele von uns!

Wenn wir zu einer Veranstaltung eingeladen werden, lieben wir es, auf der Bühne zu sitzen und von den Teilnehmern unsere Salbung bestätigt zu bekommen. Wir sind ganz aus dem Häuschen, wenn die großen Namen wissen, wer wir sind – vielleicht laden sie uns ja eines Tages als Gastsprecher ein.

Doch Jesus erkannte die Torheit, die in alledem steckt. Er wußte, was wirklich wichtig war. Nur die Zustimmung seines Vaters war von Bedeutung. Wenn Gott zufrieden war, war der Fall erledigt. Es mußte weder diskutiert noch gebetet werden. Allein das Wort vom Himmel hatte Gewicht. Jesus ließ sich von Fleisch und Blut allein nicht erweichen. „Der Mensch – wie Gras sind seine Tage, wie die Blume des Feldes, so blüht er. Denn fährt ein Wind darüber, so ist sie nicht mehr, und ihr Ort kennt sie nicht mehr ... Aber das Wort unseres Gottes besteht in Ewigkeit“ (Ps 103,15-16; Jes 40,8). Wie groß ist der Mensch im Licht der Ewigkeit betrachtet? Ein Wort Gottes wird alle Königreiche überdauern, die sich der Mensch je geschaffen hat.

Dennoch lassen wir uns so oft von der Meinung anderer beeinflussen! Wenn wir arbeiten, ist uns menschliche Anerkennung wichtiger als göttliche Anerkennung. Wir holen uns mehr bei Menschen Rat als bei Gott. Wir halten unsere irdischen Termine, aber versäumen unsere himmlischen Termine. Als erstes kommen die Menschen, als letztes kommt das Gebet (wenn überhaupt!). Wir schätzen das Zusammensein mit Freunden mehr als die Gemeinschaft mit unserem Freund Jesus – zumindest unserem Terminkalender nach zu schließen! Wie oft reservieren wir einen ganzen Tag oder Abend, *um ihn nur mit dem Herrn zu verbringen*? Andererseits verbringen wir so viel Zeit miteinander!

Jesus hat ganz anders gelebt. Er hatte eine ungestörte Gemeinschaft mit seinem Vater genossen, bevor er in diese Welt kam. Und kein Mensch konnte ihm diese Einheit mit dem Vater wegnehmen. Er war fest entschlossen, mit seinem Gott zu gehen, gleichgültig, was das für ihn bedeuten oder was es ihn kosten würde. „Und der mich gesandt hat, ist mit mir; er hat mich nicht allein gelassen, weil ich allezeit das ihm Wohlgefällige tue" (Joh 8,29).

Jesus sah die Dinge aus einem völlig anderen Blickwinkel als wir. Er kam vom Himmel auf die Erde *herab.* Er hatte den Mond und die Sonne geschaffen. Er hatte jeden einzelnen Stern entworfen und gebildet. Die Galaxien waren das Werk seiner Hände. Heilige Engel warfen sich voll Ehrfurcht vor ihm nieder. Er konnte den Menschen richtig bewerten. In seinen Augen konnte sich kein Sterblicher rühmen.

Eines Tages wird „... der Stolz des Menschen gebeugt ... und der Hochmut des Mannes erniedrigt werden" (Jes 2,17). Eines Tages wird „... man sich in Felsenhöhlen und in Erdlöchern verkriechen vor dem Schrecken des Herrn und vor der Pracht seiner Majestät ..." (Jes 2,19). Eines Tages wird Gott selbst sich erheben, um die Erde zu erschüttern, und die ganze Menschheit wird zittern. Wird sich irgendein Mensch an jenem Tag, an dem der König die *ganze Welt* erbeben läßt, rühmen? „O hört auf, den Menschen zu verherrlichen, in dessen Nase nur ein Hauch ist! Denn wofür verdient er Wertschätzung?" (Jes 2,22; wörtl. a. d. Engl.)

Jesus lebte in Hinblick auf das Gericht. Er wußte, daß eines Tages *alles* offenbar werden würde. Heuchelei und Scheinheiligkeit war etwas zutiefst Sinnloses. Es gab keinen Grund zu schauspielern, denn eines Tages würde ohnehin alles ans Licht kommen. Dann würde die *ganze Wahrheit* enthüllt werden. Jesus lehrte folgendes:

> „Es ist aber nichts verdeckt, was nicht aufgedeckt, und verborgen, was nicht erkannt werden wird; deswegen wird alles, was ihr in der Finsternis gesprochen haben werdet, im Licht gehört werden, und was ihr ins Ohr gesprochen haben werdet in den Kammern, wird auf den Dächern ausgerufen werden" (Lk 12,2-3).

Ernüchternde Worte! Wird uns jener Tag Ehre oder Schmach bringen?

„Jene Sünden, die die Menschen in ihren Herzen verbergen, werden eines Tages wie mit der scharfen Spitze eines Diamants auf ihre Stirn geschrieben werden“[29] (Thomas Watson). Und jeder wird es sehen! Heute gelingt es uns vielleicht, diesen oder jenen zu täuschen, doch an jenem Tag werden wir entblößt vor allen anderen dastehen.

Das Bewußtsein der Realität dieser großen göttlichen Enthüllung kann uns von jedem schönen Schein befreien. Es kann uns zu Jüngern in der Tat und in der Wahrheit machen. Es kann uns helfen, in wahrer, heiliger Furcht zu leben. Gottes Buchführung lügt nicht! „Und es gibt nichts Geschaffenes, das sich vor [Gott] verbergen könnte, nein, alles liegt entblößt und aufgedeckt vor den Augen dessen, *dem wir Rechenschaft abzulegen haben*“ (Hebr 4,13; Menge). Er wird die Dinge ins rechte Licht rücken.

Der große britische Evangelist George Whitefield wurde oft zu Unrecht angeklagt und verleumdet. Er wurde in Hetzschriften diffamiert, der Klerus sprach sich gegen ihn aus und Künstler zeichneten spöttische Karikaturen seiner Veranstaltungen. Doch als seine Freunde ihn drängten, sich gegen die über ihn verbreiteten Lügen zu wehren, winkte er ab. „Ich warte gerne“, sagte er, „bis mein Charakter am Gerichtstag offenkundig wird. Wenn ich einmal tot bin, soll auf meinem Grabstein nur stehen: ‚Hier ruht G.W.. Der Große Tag wird ans Licht bringen, was für ein Mann er war.‘“[30] Er hatte sich dem Herrn hingegeben. Sein Blick reichte über diese jetzige Welt hinaus.

„Obwohl [Whitefield] über die ersten drei Jahre seines geistlichen Dienstes ein *Journal* führte, weigerte er sich, danach noch irgendwelche Vorkehrungen zu treffen, damit der Nachwelt exakte Kenntnisse über sein Leben zur Verfügung stünden. Da seine Augen fest darauf gerichtet waren, welche Rechenschaft er im Himmel geben würde, suchte er auf Erden keine Rechtfertigung seiner Person“[30] (Arnold Dallimore). Was für ein krasser Gegensatz zu den Heuchlern, die sich in den Augen der Menschen selbst rechtfertigten; doch Gott kannte ihr Herz (vgl. Lk 16,15). *Er kennt auch unser Herz.*

Aus diesem Grund hält uns Paulus dazu an, nie ein Urteil über die inneren Beweggründe eines Menschen zu fällen. „So verurteilt nichts vor der Zeit“, sagt er, „bis der Herr kommt, der auch das Verborgene der Finsternis ans Licht bringen und die Absichten der Herzen offenbaren wird; und dann wird jedem sein Lob werden von Gott" (1 Kor 4,5). An jenem Tag werden die ersten die letzten und die letzten die ersten sein, und *alles* wird zurechtgerückt werden – ein für allemal. An jenem Tag werden viele Augen auf- und viele Münder zugehen. Wenn wir zufrieden darauf warten können, wird es unser Lohn sein, aus dem Mund Gottes die Worte „Recht so!" zu hören.

Jesus lebte ständig in dieser Wahrheit. *Er war nie auf das Lob der Menschen aus.* Ja, er nahm das Lob der Menschen nicht einmal an (vgl. Joh 5,41). Er wußte, wie wankelmütig Menschen sein können. Heute rufen sie „Hosianna dem König!" und morgen „Kreuzigt ihn!" Erst wollen sie ihn belobigen und im nächsten Augenblick steinigen.

Doch Gottes Urteil gründet sich auf die Wahrheit, und „niemand außer dir selbst kann Gottes Meinung über dich ändern" (Leonard Ravenhill). Es beeindruckt ihn nicht, wie hoch jemand in der Beliebtheitsskala rangiert. Meinungsumfragen zeigen bei ihm keinerlei Wirkung. Er weiß, wen er wertschätzt: „den Elenden und den, der zerschlagenen Geistes ist und der da zittert vor meinem Wort" (Jes 66,2). An *so jemandem* findet der Vater Gefallen. Für Selbstdarsteller hat er nichts übrig.

Die religiösen Heuchler waren komplett auf dem Holzweg. Ihre Prioritäten standen auf dem Kopf. Sie glaubten, aber handelten nicht dementsprechend, „... denn sie liebten die Ehre bei den Menschen mehr als die Ehre bei Gott" (Joh 12,43). Da sie ständig nur auf die Menschen sahen, wurde ihr Glaube gelähmt. Ihr Verhalten war bestimmt von der sichtbaren Reaktion der Menschen. Somit beeindruckten sie *lediglich während ihres Lebens hier auf Erden* ihre Mitmenschen, hinterließen jedoch keinen Eindruck im Himmel. Sie erhielten ihren vollen Lohn hier auf Erden und verloren den Lohn, der ewig Bestand hat. Was für eine bemitleidenswerte und erbärmliche Entscheidung!

Doch wie oft treffen wir diese Entscheidung! Wenn schon heute die Wahrheit ans Licht käme, würde offenbar, daß viele von uns eher das Wohlwollen der Menschen suchen als das Wohlwollen Gottes. Wir würden zugeben müssen, daß wir uns oft zurückhalten (auch wenn uns klar war, daß Gott selbst uns drängte), weil wir vor unserem sozialen Umfeld nicht das Gesicht verlieren wollen. Doch das ist ein gewaltiger Trugschluß, *da unser soziales Umfeld auch vor uns gut dastehen möchte.* Wie töricht das alles doch ist!

Die Korinther ließen sich von Menschen beeindrucken. Sie liebten es, sich nach den Menschen zu richten. Deshalb mußte Paulus ihren Blick zurechtrücken:

> „Was ist denn Apollos? [Erinnern Sie sich? Apollos war ein ziemlich vollmächtiger Prediger!] Und was ist Paulus? [Paulus war der vollmächtigste Apostel, der je auf Erden lebte!] *Diener*, durch die ihr gläubig geworden seid, und zwar wie der Herr einem jeden gegeben hat. Ich habe gepflanzt, Apollos hat begossen, *Gott aber* hat das Wachstum gegeben. So ist weder der da pflanzt, etwas, noch der da begießt, *sondern Gott*, der das Wachstum gibt ... *So rühme sich denn niemand im Blick auf Menschen*" (1 Kor 3,5-7.21).

Und möge auch alle Schmeichelei aufhören: *„Denn ich verstehe mich nicht aufs Schmeicheln; sonst würde mein Schöpfer mich wohl bald dahinraffen*" (Hiob 32,21-22).

Doch wir himmeln immer wieder Menschen an! Wir sind wie Whitefields Nachfolger, die wollten, daß er dem Andenken an seine Person Ewigkeitswert verleihe, indem er eine nach ihm benannte Denomination gründe. Sie machten sich große Sorgen, daß andere aus seinem Werk Gewinn schlagen könnten. Doch seine Reaktion darauf war immer dieselbe: „Nein, möge doch der Name Whitefield sterben, damit die Sache Jesu Christi lebe ... Möge doch der Name Whitefield untergehen, Christus aber verherrlicht werden ... Ich genieße so viel Popularität, daß ich es satt habe."[31] Ach, daß wir es lernen würden, es auch satt zu haben! Ein kurzer Blick in die Ewigkeit würde unsere Kurzsichtigkeit kurieren.

Paulus gab alles auf, um dem Herrn nachzufolgen. Er war dieser Welt völlig abgestorben. Sein Herz konzentrierte sich nur auf eins: „Darum bieten wir auch allen Eifer auf, ... ihm wohlgefällig zu sein" (2 Kor 5,9; Menge). Diesbezüglich gab es keine

Kompromisse. Es gab nur entweder-oder. „*Denn rede ich jetzt Menschen zuliebe oder Gott? Oder suche ich Menschen zu gefallen? Wenn ich noch Menschen gefiele, so wäre ich Christi Knecht nicht*“ (Gal 1,10). Er hat sich entschlossen Gott untergeordnet – und damit die Welt nachhaltig verändert.

Was wäre dem Dienst Jesu widerfahren, wenn es ihm nur darum gegangen wäre, seinen Jüngern, den religiösen Führern oder den Menschenscharen zu gefallen? Er hätte komplett am Willen seines Vaters vorbeigelebt. Er wäre nie gekreuzigt worden. Sein Blut wäre nie vergossen worden. Und er hätte uns nie die Wahrheit gesagt. Niemand hätte sie hören wollen! *Hätte Jesus nur den Menschen gefallen wollen, wären wir heute nicht errettet.*

Aber es gibt viele Gemeinden in der westlichen Welt, die von einem menschengefälligen Geist zugrunde gerichtet werden. Die Leiter richten sich nach der Masse, obwohl sie eigentlich der Wolkensäule folgen sollten. Sie sind Experten, wenn es darum geht, Menschen hereinzuholen, aber Anfänger, wenn es darum geht, die Kraft hereinzuholen. Anstatt Glauben zu fördern, buhlen sie um die Gunst der Menschen. Sie wollen im Einklang mit den Schafen stehen, leben jedoch in Disharmonie mit dem Hirten. Und *er* weiß, was gut für die Herde ist. Wo die Dinge so getan werden, wie er sie getan haben möchte, entsteht Leben. Ein Pastor, der in *seinen* Fußstapfen wandelt, wird ein echter Diener der Schafe sein.

Wir müssen nach Gottes himmlischen Bauplan bauen. Nur dann wird er in unserer Mitte wohnen (vgl. 2 Mose 25,8-9). Zwölf vom Geist geformte Radikale könnten unsere Gesellschaft mehr umkrempeln als zwölf Millionen Menschenimitationen. Und wir reproduzieren tatsächlich Menschenjünger. Doch ihnen fehlt es an Überzeugung und Rückgrat; sie sind leicht zu beeinflussen und geraten schnell ins Wanken. (Einige von ihnen versuchen, dies fleischlich zu kompensieren, indem sie hochmütig und herrisch werden.) Wie sehr wir doch das prägende Abbild des Messias in unserem Leben brauchen!

„Das ist der Grund, warum wir so viele totgeborene, saft- und kraftlose, wackelige und kränkliche geistliche Kinder haben. Sie werden von *halbtoten Eltern geboren*, einer Art sentimentaler

Religion, die die Seele nicht ergreift, die nicht fest verwurzelt ist, die nicht mitten im Leben steht und keine Kraft hat, und die Folge ist eine schwächliche Ernte sentimentaler Neubekehrter. O schenke uns doch der Herr ein echtes, robustes, blutvolles, widerstandsfähiges Christentum voller Eifer und Glauben, das anstatt dieser armen, sentimentalen Gespenster, die um uns herumhüpfen, quirlige, gut entwickelte Kinder ins Reich Gottes bringt, die voll Leben und Energie sind“[32] (Catherine Booth).

Religiöse Heuchler leiden an einer verhängnisvollen Krankheit: chronische Menschenfurcht. Diese unsagbare Schwächung und Behinderung unterminiert Gehorsam und Glauben. Wie oft gehen auch wir ihr auf den Leim – ob wir nun Heuchler sind oder nicht! *Wir lassen uns von Menschen einschüchtern.* Wie oft wurde ein Wirken Gottes schon durch einen Geist der Menschenfurcht vorzeitig beendet? „Was werden denn *die Leute* sagen ...?“

„Menschenfurcht stellt eine Falle“ (Spr 29,25). Es ist so leicht, hineinzutappen. König Saul hatte vom Herrn einen Auftrag bekommen, aber er sagte: „Ich hatte Angst vor meinen Männern und ließ ihnen ihren Willen“ (1 Sam 15,24; Gute Nachricht). Mit einem Auge sah er auf Gott, mit dem anderen auf die Menschen. Weil er ein geteiltes und wankelmütiges Herz hatte, verlor er sowohl die Herde als auch die Gunst Gottes. Er verwirkte seine Königswürde und mußte sie einem anderen abtreten. Gott wollte einen Mann nach seinem Herzen.

Aufgrund von Menschenfurcht ...

- ... war Joseph von Arimathäa nur ein *geheimer* Jünger Jesu (vgl. Joh 19,38);
- ... sprachen die Leute nicht öffentlich über Jesus (vgl. Joh 7,13);
- ... verleugnete Petrus den Herrn (vgl. Mt 26,69-74);
- ... weigerten sich die Eltern eines geheilten Blinden das Wunder anzuerkennen (vgl. Joh 9,22);
- ... trafen sich die Jünger hinter verschlossenen Türen, bevor sie wußten, daß der Herr auferstanden war (vgl. Joh 20,19).

Doch Jesus selbst kannte keine Furcht. Er gab ihren Lügen keinen Raum. Er wußte, wen man fürchten müsse – ganz sicher nicht die Menschen! „Und fürchtet euch nicht vor denen, die den Leib töten, die Seele aber nicht zu töten vermögen; fürchtet aber vielmehr den, der sowohl Seele als Leib zu verderben vermag in der Hölle“ (Mt 10,28). Eine gesunde Gottesfurcht wird alle anderen Arten von Furcht vertreiben. Denn „die enge Zuwendung zu Gott verhindert die Verängstigung durch Menschen“ (Ravenhill). Innigkeit und Vertrautheit mit Gott ist der Schlüssel.

Als 1786 der gottesfürchtige John Fletcher starb, sagte seine Frau über ihn: „Es war sein ständiges Bestreben, sich das ununterbrochene Empfinden der Gegenwart Gottes zu erhalten ... Ja, er handelte und sprach und dachte, als ruhe das Auge Gottes auf ihm. Da er somit Gott stets vor Augen hatte, blieb er in allen Lebenslagen unerschütterlich ... Manchmal ging er allein auf Reisen, doch mehr als tausend Meilen bin ich mit ihm gereist; unterwegs schienen weder neue Begleiter, noch neue Orte, noch die wechselnden Umstände, die auf Reisen ganz natürlich auftreten, seine eiserne Aufmerksamkeit auf die Gegenwart Gottes auch nur im geringsten zu beeinflussen ... Und ich kann mit aller Aufrichtigkeit sagen, daß sein Bund mit mir derart mit Gebet und Lobpreis verwoben war, daß jede Arbeit und jedes Mahl durch deren Wohlgeruch versüßt wurde.“[33]

Das war der Grund, warum Jesus so anders war: Er lebte jede Sekunde mit seinem Vater. Er blieb in der Gegenwart Gottes. Er hatte ununterbrochen Gemeinschaft mit ihm. Die beiden waren völlig eins. Abba war sein engster und innigster Freund.

Doch Vertrautheit mit Gott hat ihren Preis ...

Kapitel 11

Die Taufe der Tränen

Mehr als alles andere in der Welt möchte Gott, daß wir uns seinem Herzen öffnen. Oft sehnen wir uns nach seiner Kraft, doch nur selten kommt uns sein Schmerz zu Bewußtsein. Wir sind begierig darauf, seine Güte zu erleben, denken jedoch kaum über seinen Gram nach. „Unser Herr leidet immer noch Qualen für Menschenseelen" (John Hyde). Doch das muß zur Grundlage unseres Lebens gehören. Jesus trägt unsere Lasten. Können wir auch seine tragen?

Die meisten von uns sind verhärtet, was die Not der leidenden Menschheit anbelangt. Ihr Schrei macht uns kaum betroffen. Doch in dieser Welt ist das Sterben allgegenwärtig – jede Sekunde ein Seufzer. Schmerz und Krankheit, Tragödien und Verzweiflung – Gottes Schöpfung schwindet dahin. Hat unser Vater sich abgewandt?

> „Ein Gefangener in Einzelhaft in einem unterirdischen rumänischen Gefängnis hörte mit blankem Entsetzen die Schreie derer, die um ihn herum gefoltert wurden. Inständig bat er Gott um eine kleine Ruhepause im Himmel: ‚Bring mich doch dorthin, zumindest für kurze Zeit.'
>
> Voller Glück stieg er höher und höher und hoffte, schon bald die Musik der Engel zu hören. Doch je näher er dem Himmel kam, desto lauter wurden die Leidensschreie. Als er sein Ziel erreicht hatte, waren sie unerträglich geworden.
>
> Er fragte Gott: ‚Ist der Himmel etwa kein Ort der Beschaulichkeit?'
>
> Ihm wurde gesagt: ‚Anscheinend hast du nie wirklich auf das geachtet, was du gelesen hast. Es steht geschrie-

ben, daß die Schreie der unterdrückten Sklaven zu mir heraufkamen, und ich sie hörte (2 Mose 2,23-24). Das Blut Abels schreit zu mir (1 Mose 4,15).

Jene, die mit mir im Himmel sind, hören ebenfalls diesen Schrei wie auch den Schrei aller Unschuldigen, die getötet werden.

In deiner Zelle hörst du nur die Wehklage einiger weniger. Im Himmel hören wir das Weinen aller Leidenden.

Jesus repräsentierte mich, indem er zum Schmerzensmann, mit Leiden vertraut, wurde (Jes 53,3).

Lies noch einmal die Geschichte Rahels, die weinte, als in Bethlehem Kinder getötet wurden. Die Heiligen hier weinen mit allen, die weinen'"[34] (Richard Wurmbrand). Können wir die Grundaussage dieser Geschichte hören, ohne theologische Einwände dagegen vorzubringen?

In den Seligpreisungen lehrte Jesus uns, wie er zu sein. Das ist der Weg zur „Glückseligkeit". Wenn wir ihm wesensgleich werden, werden wir arm im Geiste und rein im Herzen, sanftmütig und barmherzig sein. Wir werden Friedensstifter sein und geschmäht und verfolgt werden. Wir werden hungern und dürsten nach Gerechtigkeit. *Und wir werden trauern.* „Glückselig die Trauernden, denn sie werden getröstet werden" (Mt 5,4). „Glückselig, die ihr jetzt weint, denn ihr werdet lachen" (Lk 6,21).

Freude *hat* seine Zeit und Lachen *hat* seine Zeit; aber auch Trauer und Weinen hat seine Zeit. Der Leib Christi heute muß weinen lernen!

„Was wir unter anderem benötigen, ist eine Taufe der Tränen, eine Taufe der Tränen über den lethargischen Zustand unseres Lebens und den Fluch, den unsere Seelen ertragen. Wie sehr die Gemeinde doch bekennen muß! ... Stellen Sie sich vor, wie Jesus Christus nach diesen vielen hundert Jahren auf die Welt kommt und feststellt, daß die Gemeinde schläft und die Menschen in der Qual des Leidens sterben!"[35] (John G. Lake) Wir brauchen unbedingt ein einfühlsames, ein mitfühlendes Herz!

Wir reden von unserer Beziehung zum Herrn. Doch Beziehung heißt, Austausch zu pflegen. Beziehung heißt, eines Herzens zu sein. Beziehung heißt, Freude zu teilen. Und Beziehung heißt, Schmerz zu teilen. Haben wir wirklich eine *Beziehung* mit dem Herrn?

„Wer aber dem Herrn anhängt, ist ein Geist mit ihm“ (1 Kor 6,17). Das war der Grund für die Agonie der Propheten. Sie trugen die Last Gottes und nahmen Anteil am Schmerz ihres Volkes:

> „Wasserbäche fließen herab aus meinen Augen, weil man dein Gesetz nicht hält“ (Ps 119,136).
> „Schau weg von mir! Bitterlich weinen muß ich. Dringt nicht darauf, mich zu trösten über die Verwüstung der Tochter meines Volkes!“ (Jes 22,4)
> „Meine Eingeweide, meine Eingeweide! Ich muß mich winden. Die Wände meines Herzens! Es tobt in mir mein Herz ... Über dem Zusammenbruch der Tochter meines Volkes bin ich zerbrochen; ich trauere, Entsetzen hat mich ergriffen ... O daß mein Haupt Wasser wäre und mein Auge eine Tränenquelle, dann wollte ich Tag und Nacht die Erschlagenen der Tochter meines Volkes beweinen!“ (Jer 4,19; 8,21.23)
> „Ich sage ..., daß ich große Traurigkeit habe und unaufhörlichen Schmerz in meinem Herzen; denn ich selbst, ich habe gewünscht, verflucht zu sein von Christus weg für meine Brüder, meine Verwandten nach dem Fleisch ...“ (Röm 9,2-3).

Empfindet der Sohn Gottes selbst weniger Schmerz?

> „Und als er sich näherte und die Stadt sah, weinte er über sie ... Jerusalem, Jerusalem, die da tötet die Propheten und steinigt, die zu ihr gesandt sind! Wie oft habe ich deine Kinder versammeln wollen, wie eine Henne ihre Küken versammelt unter ihre Flügel, und ihr habt nicht gewollt!“ (Lk 19,41; Mt 23,37)

Die Taufe der Tränen ist eine Taufe hinein in das Leiden Gottes. Sie nimmt an seinen Schmerzen teil. Wie er abgelehnt wurde – und wird –, werden auch wir abgelehnt. Wie er verachtet wurde – und wird –, werden auch wir verachtet. Und wie sein Herz gebrochen wurde – und wird –, wird auch unser Herz gebrochen. *Es ist große Innigkeit und Vertrautheit, wenn man mit ihm teilt, was er in seinem Herzen fühlt.* Das war auch der Wunsch des Apostels: „Denn ich möchte ihn erkennen und die Kraft seiner Auferstehung und die *Teilnahme an seinen Leiden*, indem ich seinem Tode gleichgestaltet werde" (Phil 3,10; Menge). Es gibt keine höhere Berufung.

Wir versuchen verzweifelt, ein glückliches Leben zu führen. Wir unternehmen alles Mögliche, um unser Wohlergehen zu hegen und zu pflegen. Das Evangelium des Leidens ist uns fremd: Wir wissen eigentlich gar nicht so recht, wie man sein Leben hingibt. Uns fehlt die Fähigkeit, echte Liebe zu geben. Erbarmen und Mitgefühl kosten uns zu viel. Wir leben selbstgefällig inmitten großer Qualen. Wir gehen auf Distanz zum Schmerz der Welt. Doch Gott hört jeden Schrei und sieht jede Träne. Jedes Menschenleben ist kostbar in seinen Augen. Wie groß muß der Kummer unseres Vaters sein! Gott, der ja die Liebe ist, muß Trauer und Trübsal kennen.

Eine Nacht meines Lebens werde ich nie vergessen. Sie stand am Ende eines zweieinhalbjährigen Kampfes. Wir kämpften um das Leben eines lieben Bruders, der an einer unheilbaren Krankheit litt. Wir hatten gefastet und gebetet und gerungen. Wir hatten wunderbare Durchbrüche erlebt – sogar seine Ärzte waren erstaunt. Doch nun war das Ende gekommen, und wir konnten nichts mehr tun. Während wir in Anbetung und Fürbitte waren, setzte sein Atem aus. Er wurde vor seiner Zeit aus dem Leben gerissen, und niemand von uns konnte ihn zurückholen.

Schluchzend sahen wir mit an, wie sich seine Frau auf seinen leblosen Körper warf und das von ihren Tränen feuchte Gesicht streichelte. Die beiden waren erst fünfunddreißig, ihre beiden Mädchen erst zwölf und zehn. Sie hatten ihre besten Jahre noch vor sich. Und nun hatte er dieses Leben verlassen.

Am nächsten Tag saßen wir zusammen und weinten mit ihrer kleinen Tochter. „Ich will meinen Papa. Ich will meinen Papa.

Das darf einfach nicht passiert sein. Ich habe Mama gesagt, daß dieser Alptraum endlich vorbei sein soll." Doch ihre Mutter konnte nur entgegnen: „Der Alptraum wird vorbei sein, wenn Jesus wiederkommt. Dann wirst du Papa wiedersehen."

Mein Gott, wie groß ist doch die Not! Wie können wir ohne Tränen leben? Wo ist unser Herz voller Erbarmen und Mitgefühl? Wie können wir nur so ichbezogen sein? Warum halten wir so an uns?

> „Und es kam ein Aussätziger zu [Jesus], bat ihn, fiel vor ihm auf die Knie und sprach: Wenn du willst, kannst du mich reinigen! *Da erbarmte sich Jesus seiner*, streckte die Hand aus, rührte ihn an und sprach zu ihm: Ich will; sei gereinigt!" (Mk 1,40-41; Schlachter)
> „Beim Anblick der Volksscharen aber *erfaßte ihn tiefes Mitleid mit ihnen*, denn sie waren abgehetzt und verwahrlost wie Schafe, die keinen Hirten haben" (Mt 9,36; Menge).
> „Als er sich aber dem Tor der Stadt näherte, siehe, da wurde ein Toter herausgetragen, der einzige Sohn seiner Mutter, und sie war eine Witwe; und eine zahlreiche Volksmenge aus der Stadt war mit ihr. Und als der Herr sie sah, *wurde er innerlich bewegt über sie* und sprach zu ihr: Weine nicht! Und er trat hinzu und rührte die Bahre an, die Träger aber standen still; und er sprach: Jüngling, ich sage dir, steh auf! Und der Tote setzte sich auf und fing an zu reden; und er gab ihn seiner Mutter" (Lk 7,12-15). O hätten wir nur das Erbarmen des Herrn!

Smith Wigglesworth wurde einmal ans Bett einer jungen Frau geholt, die an Tuberkulose litt und im Sterben lag. Er bestand darauf, daß ihn die verzweifelte Familie mit der Kranken allein lassen solle. Er kommentierte die Situation folgendermaßen: „Ich wußte, daß Gott in einer Atmosphäre der rein natürlichen Sympathie und des Unglaubens nichts tun kann ..." Dann kniete er nieder und begann zu beten. Er sagt weiter: „Dann kam der Kampf."

„Der Himmel schien aus Stahl zu sein. Ich betete von elf Uhr abends bis halb vier Uhr morgens. Ich sah das schimmernde Licht auf dem Gesicht der Kranken und daß sie im Sterben lag. Der Teufel sagte: ‚Da hast du es. Du bist extra von Bradford hierhergekommen, und jetzt stirbt sie vor deinen Augen.‘ Ich erwiderte: ‚Das kann nicht sein. Gott hat mich nicht umsonst hierhergeschickt. Es ist Zeit, daß Gottes Kraft zum Zuge kommt.‘ Ich erinnerte mich an den Vers, in dem es heißt: ‚Sie sollen allezeit beten und nicht ermatten‘ (Lukas 18,1). Der Tod war eingetreten. Aber ich wußte, daß mein Gott alle Kraft hat und daß der, der das Rote Meer geteilt hatte, derselbe auch heute ist. Es war eine Zeit, in der ich nicht aufgab und Gott ja sagte. Ich schaute zum Fenster hinaus, und in diesem Moment erschien dort das Gesicht Jesu. Eine Millionen Lichtstrahlen schienen von ihm auszugehen. Als Er die Frau anschaute, die gerade verstorben war, kam die Farbe in ihr Gesicht zurück. Sie rollte sich zur Seite und schlief ein. Dann hatte ich eine herrliche Zeit. Am Morgen stand sie früh auf, zog sich an und ging ans Klavier. Sie begann zu spielen und sang ein herrliches Lied. Ihre Mutter, Schwestern und ihr Bruder kamen, um zuzuhören. Der Herr hatte eingegriffen. Ein Wunder war geschehen.“

Was war der Schlüssel? „Wir werden niemals den Krebs beseitigen können, wenn wir nicht innerlich so tief vom Heiligen Geist bewegt werden, daß uns das Mitleid Christi bewegt ... Wenn dein Herz in tiefem Mitleid auf die Notleidenden zugeht, wird der Herr Seine Gegenwart offenbaren ... Es gibt eine Frucht des Geistes, die die Gabe der Krankenheilung begleiten muß. Dies ist die Frucht der Langmut. Der Mensch, der von Gott für Krankenheilungen gebraucht werden will, muß ein Mensch der Langmut sein“[36] (Wigglesworth). Doch es gibt kein Mitleid und Erbarmen ohne Opfer. „Mir scheint, daß man diese Langmut für andere erst dann bekommt, wenn einen Gott niedergemäht hat“[36] (Wigglesworth; wörtl. a. d. Engl.). Sind wir bereit, uns von Gott „niedermähen“ zu lassen? Unser Leben muß völlig entleert werden, wenn Gott für uns alles in allem sein soll.

„Wenn es der Gemeinde je gelingt, das zu tun, was Gott für uns vorgesehen hat, dann kann das nur geschehen, wenn wir in dieses göttliche Erbarmen des Sohnes Gottes eintreten“[37] (John G. Lake). Schließlich war dieses Erbarmen die treibende Kraft hinter unserer Erlösung: „Die stärkste Herzensregung Gottes war jene Regung des Erbarmens für eine notleidende Welt. Sie war so stark, daß das Wort sagt: ‚Denn so hat Gott die Welt geliebt, daß er seinen eingeborenen Sohn gab ...‘“[37] (Lake). Wenn wir uns selbst ausgießen, wird Gottes Liebe in uns hineingegossen.

Hören Sie, was Uggo Bassi sagt: „Bemiß dein Leben nach Verlust statt nach Gewinn, nicht nach dem Wein, der getrunken, sondern nach dem Wein, der ausgeschenkt wurde; denn die Kraft der Liebe besteht im Opfer der Liebe, und deshalb hat am meisten zu geben, wer am meisten leidet.“[38] Wieviel haben wir zu geben?

Nein, Gott möchte nicht, daß wir zu morbiden Gestalten werden, die trübselig und niedergeschlagen durchs Leben gehen. Wir sollen uns nicht auf sinnlose Tragödien einstellen; wir sollen uns nicht resigniert auf die Schlachtbank legen. Aber Gott *möchte sehr wohl*, daß wir fühlen, was er fühlt. Jesus sagt immer noch: „Folge mir nach.“

Evan Roberts hatte eine immense Last für Wales. Er flehte um hunderttausend Seelen. Er trat in das Fürbittleben des auferstandenen Herrn ein. Er erlebte echte Herzensqualen. Es folgt eine Beschreibung dieser Phase in Roberts’ Leben, niedergeschrieben von Evan Phillips, einem Mann, der schon an der Waliser Erweckung des Jahres 1859 mitgewirkt hatte und auch wieder in der Erweckung des Jahres 1904 aktiv war:

> „Evan Roberts war wie ein Radiumpartikel in unserer Mitte. Sein Feuer war verzehrend und fühlte sich für die Umstehenden wie etwas an, das einem den Schlaf raubte, das den Kanal der Tränen durchstach und die goldenen Räder des Gebets in der ganzen Region beschleunigte ... In der Erweckung des Jahres 1859 weinte ich nicht viel, doch derzeit weine ich, bis mein Herz weich ist. Im größten Strom der Tränen finde ich die größte Freude. Ich hatte

schon seit einem oder zwei Jahren gespürt, daß der Wind etwas raunte, und etwas flüsterte, der Sturm könnte nicht weit weg sein. Schon bald spürte ich, wie die Wasser herniederstürzten. Nun gehört das Bett dem Fluß und Wales Christus."[39]

Der Fluß der Tränen trat über die Ufer, und mit diesem Weinen wurden die hunderttausend gewonnen. Denn „am Abend kehrt Weinen ein, und am Morgen ist Jubel da" (Ps 30,5) und nur, wer seinen Schmerz mit Gott teilt, kann auch seine Freude wahrhaftig mit ihm teilen. *Im Reich Gottes gehen göttliche Trübsal und göttliche Freude Hand in Hand.*

Paulus zählte sich zu den „Leidtragenden, aber doch allezeit Fröhlichen" (2 Kor 6,10; Menge).
Jesus, der Schmerzensmann, wurde vor seinen Gefährten mit Freudenöl gesalbt (vgl. Hebr 1,9).
„Die mit Tränen säen, werden mit Jubel ernten. Er geht weinend hin und trägt den Samen zum Säen. Er kommt heim mit Jubel und trägt seine Garben" (Ps 126,5-6).

O wie dringend brauchen wir die Taufe der Tränen!

Kapitel 12

Das Evangelium des Leidens

Wenn es etwas gibt, das wir hier auf Erden als Nachfolger Jesu erwarten können, dann Leiden.

> „*In der Welt habt ihr Drangsal*; aber seid guten Mutes, ich habe die Welt überwunden“ (Joh 16,33).
> „Wir [müssen] *durch viele Trübsale* in das Reich Gottes eingehen ...“ (Apg 14,22).
> „Wenn [wir] aber Kinder [sind], so auch Erben, Erben Gottes und Miterben Christi, *wenn wir wirklich mitleiden*, damit wir auch mitverherrlicht werden“ (Röm 8,17).
> „Ich, Johannes, euer Bruder und Mitgenosse *in der Drangsal und dem Königtum und dem Ausharren* in Jesus ...“ (Offb 1,9).
> „Der Gott aller Gnade aber, der euch berufen hat zu seiner ewigen Herrlichkeit in Christus, er selbst wird [euch], *die ihr eine kurze Zeit gelitten habt*, vollkommen machen, befestigen, kräftigen, gründen“ (1 Petr 5,10).

Für den Herrn zu leiden ist ein Privileg:

> „Denn euch ist es im Blick auf Christus geschenkt worden, nicht allein an ihn zu glauben, sondern auch für ihn zu leiden ...“ (Phil 1,29).

Für ihn zu leiden ist eine Freude:

> „Wir freuen uns über die Hoffnung auf die Herrlichkeit Gottes ... und wir *freuen* uns ebenfalls über unsere Leiden ...“ (Röm 5,2-3; wörtl. a. d. Engl.)

„*Freut euch* an jenem Tage [an dem ihr gehaßt und um Jesu Willen geschmäht werdet] und *hüpft vor Wonne*, denn wisset wohl: euer Lohn ist groß im Himmel“ (Lk 6,23; Menge).

„Geliebte, laßt euch durch das Feuer der Verfolgung unter euch, das euch zur Prüfung geschieht, nicht befremden ..., sondern *freut euch*, insoweit ihr der Leiden des Christus teilhaftig seid, damit ihr euch auch in der Offenbarung seiner Herrlichkeit mit Frohlocken freut“ (1 Petr 4,12-13).

Gottgewolltes Leiden in dieser Welt ist nur die Kehrseite der von Gott vorherbestimmten Herrlichkeit in der kommenden Welt. Denn „Leiden ist das Gesetz des Reiches“[40] (William C. Burns), und bis Jesus wiederkommt und auf dieser Erde Frieden schafft, wird ein Leben völlig ohne Leiden ein Leben ohne die Fülle Gottes sein.

Aber es gibt enorm viel Leid, das nichts mit dem Willen Gottes zu tun hat. Manchmal leiden wir wegen unserer Sünden oder weil wir die Verheißungen Gottes nicht kennen. Ein andermal leiden wir, weil wir nicht gerüstet sind, den Attacken Satans zu widerstehen. Aber es gibt auch einen Ort des Leidens, den uns der Herr *verheißen* hat, und auf diesem Ort des Leidens liegt Segen.

Nein, wer krank, niedergeschlagen oder deprimiert ist, leidet nicht für Jesus. Ganz im Gegenteil: Jesus ist gekommen, um diese Art Leiden wegzunehmen! Er war es, „... der umherging und wohltat und alle heilte, die von dem Teufel überwältigt waren; denn Gott war mit ihm“ (Apg 10,38). Er offenbarte uns das Herz des Vaters, indem er alle heilte, die im Glauben zu ihm kamen. Er war der Wille Gottes in Aktion. Er wies keinen einzigen ab. Ein vorurteilsfreies Studium der Evangelien sollte die Frage nach der Krankenheilung ein für allemal beantworten: *Es ist seit je her Gottes Ideal, daß der ganze Mensch vollständig geheilt sei.*

Und Autounfälle, Flugzeugabstürze und Naturkatastrophen? Können Gläubige sagen, das bringe das Leben mit dem Herrn eben mit sich? Nein, diese entsetzlichen Tragödien haben nichts mit Leiden für Jesus zu tun. Das sind Katastrophen, die die ganze Menschheit betreffen. Wenn uns Kindern Gottes überhaupt etwas in diesem Zusammenhang verheißen ist, dann göttlicher Schutz vor derartigen Desastern: „Du hast den Höchsten zu deiner Wohnung gesetzt; so begegnet dir kein Unglück, und keine Plage naht deinem Zelt“ (Ps 91,9-10). Bei einem Erdbeben ums Leben zu kommen oder an Krebs zugrunde zu gehen hat *nichts* damit zu tun, daß wir „unser Kreuz auf uns nehmen“. Das Kreuz ist etwas, das wir freiwillig tragen. Wir können uns auch dafür entscheiden, es wieder abzulegen.

Das Kreuz auf sich zu nehmen heißt allerdings *sehr wohl*, in den Fußstapfen Jesu zu gehen. Und in seinen Fußstapfen begegnet uns Ablehnung, Verzagtheit, Verfolgung und Tod. „Es gibt keine zwei Christusse – einen umgänglichen für gemütliche Christen und einen leidenden für außergewöhnliche Christen. Es gibt nur einen Christus“ (Hudson Taylor). Sind wir bereit, ihm zu folgen?

Wir sprechen oft davon, daß wir die Leute „vor zum Altar“ holen, doch meinen wir das wirklich so? Der Altar ist der Ort der Opferung. Der Altar ist der Ort des Todes. Wir sind dazu berufen, *lebendige Opfer* zu sein und ein opferbereites Leben zu führen. Es gibt keine andere Möglichkeit, dem Herrn zu gefallen. Ein Ruf zum Altar wird uns unser Leben kosten.

Das ist Teil der Last, die wir tragen: Wir bringen Opfer für den Herrn. Wir kommen ohne Schlaf aus, weil wir wachen und beten müssen; wir kommen ohne Essen aus, weil wir fasten und ihn suchen müssen; wir kommen ohne materielle Dinge aus, weil andere Menschen Not leiden. Wir kümmern uns zuerst um die anderen, auch wenn es weh tut. All das ist Leiden für den Herrn. Wir sollen „... nicht uns selbst ... gefallen. Jeder von uns gefalle dem Nächsten zum Guten, zur Erbauung [in dieser Hinsicht ist es richtig, ‚menschengefällig‘ zu sein!]. Denn auch der Christus hat nicht sich selbst gefallen ...“ (Röm 15,1-3). Und er ist unser Vorbild. Absonderung, Dienen, Opfer und Leiden – das ist der Weg des Kreuzes.

John Fletchers Frau erinnert sich:

> „Er konnte sich sein Abendessen gar nicht so recht schmecken lassen, wenn nicht ein kranker Nachbar etwas davon abbekam. Und manchmal, wenn einer von ihnen

Not litt, war er schon an der Kommode, um sein feinstes Leinen herauszuholen ... Einmal, als ein armer Mann, der Gott fürchtete, in große Schwierigkeiten kam, nahm er alle Zinnteller vom Küchenbord und sagte zu ihm: ‚Das wird Ihnen helfen. Ich komme auch ohne die Teller aus. Ein Holzbrett tut's für mich auch.'"[41]

Doch „ein selbstsüchtiger Geist wird nie verstehen, was ein Opfer ist"[42] (Frank Bartleman). Die Botschaft vom Opfer steht ihm anscheinend sehr im Weg. Wenn wir alles an uns raffen und festhalten und immer unseren eigenen Bedürfnissen oberste Priorität einräumen, werden wir Jesus nie ein wohlwollendes Lächeln abringen und außerdem ein hohles, leeres Leben führen.

Die Missionare der Organisation „Christ Is The Answer" arbeiten in mehr als sieben Nationen; sie leben in kleinen Zelten und Wohnwagen, damit sie herumreisen und das Wort predigen können. Sie bereisen die Länder, in die Gott sie gerufen hat, geben am Tag auf der Straße Zeugnis und halten am Abend in ihrem großen Zelt Versammlungen ab. Einige Missionare sind verheiratet und haben Kinder. Ihr gesamter Wohnbereich würde in so manchem unserer Wohnzimmer Platz finden. Bad und Toilette befinden sich in einer Ein-Mann-Holzkabine mit großen desinfizierten Eimern. Sie kommen ohne den Komfort eines Heims aus – *und all das um der Verlorenen willen*. Sie geben ihr Leben für den Herrn hin. Was können Jünger auch sonst tun? Auch das ist Leiden für Jesus.

Und dann wäre da noch unser Konflikt mit dem Teufel. Wir dürfen nie vergessen, daß wir im Krieg sind. Als *gute Soldaten* des Messias Jesus sind wir aufgerufen, „Leiden zu erdulden" (vgl. 2 Tim 2,3) – und manchmal könnte dabei unser Leben auf dem Spiel stehen. Vor einigen Jahren begann ein indonesischer Christ, nachdem er eben erst die Prinzipien des geistlichen Kampfs erlernt hatte, in den abgeschiedenen muslimischen Dörfern der Insel Sumatra zu predigen. Neun Monate lang wurde er abgelehnt und war gezwungen, nachts im gefährlichen Dschungel zu schlafen. Aber da er wußte, daß ihm sein Befehlshabender Offizier noch nicht den Rückzug befohlen hatte, weigerte er sich, die Flinte ins Korn zu werfen und nach Hause zu gehen. Als sich der erste bekehrte, öffnete sich ein wahres Schleusentor, und in den darauffolgenden fünfzehn Monaten wurden über 25 000 Menschen gerettet. Unerschütterlichkeit und feste Entschlossenheit brachten ihn ans Ziel.[43]

Dieser Mann lebte wie ein Soldat im Krieg, und der Krieg verlangt große Opfer. „Wenn eine Nation ihre besten Männer in die Schlacht schickt, werden Familien zerrissen, weinen Geliebte beim Abschied, werden Firmen geschlossen, akademische Karrieren ruiniert, Fabriken für Kriegszwecke umgebaut und Rationierung und Unannehmlichkeiten in Kauf genommen – alles für den Krieg. Können wir mit weniger auskommen im (abgesehen vom Kreuz) größten Kampf, den diese Welt je erlebt hat – diese endzeitliche Eroberung des gesunden Menschenverstands, der Moral und des geistlichen Lebens?“[44] (Leonard Ravenhill).

Wir können es uns weder leisten, den Rückzug anzutreten noch unseren Schutzschild abzulegen. Der Krieg fordert von uns, daß wir nüchtern und stark sind. „Seid nüchtern, wacht! Euer Widersacher, der Teufel, geht umher wie ein brüllender Löwe und sucht, wen er verschlingen könne. Dem widersteht standhaft durch den Glauben, da ihr wißt, daß *dieselben Leiden* sich an [euren Brüdern] in der Welt vollziehen“ (1 Petr 5,8-9). Wir werden in diesem Leben mit Widrigkeiten und Zeiten der Not zu kämpfen haben.

Aber es gibt ein Leiden, das die meisten von uns nicht kennen – das Leiden der Gefangenen und Märtyrer, das Erleiden von Folter und Qualen. *Das ist die Geschichte eines Großteils des Leibes Christi.* Es ist eine Geschichte, die *heute* geschrieben wird. Vor kurzem erreichte mich der folgende Bericht von Missionaren in Mosambik:

> „Einer unserer Pastoren berichtete vergangene Woche, Soldaten der Frelimo-Regierung [einer Befreiungsbewegung in Mosambik; Anm. d. Übers.] hätten sich gewaltsam Zugang zu seiner Gemeinde verschafft und begonnen, willkürlich in die Menge zu schießen; dabei starben mindestens acht Menschen und viele wurden verletzt ... Tausende unschuldiger Zivilisten sterben in den Händen der Frelimo, viele von ihnen wegen ihres Glaubens an Jesus

Christus. Derzeit arbeitet man an einem Booklet, das die jüngsten Vorfälle dokumentieren soll. *Das Blut der Märtyrer schreit aus der Erde. Wir, die Heiligen Gottes, müssen unsere Stimmen im Gebet und in der Fürbitte für unsere Brüder und Schwestern erheben. Wir müssen mit der Wahrheit konfrontiert werden. Wie können wir sonst eine Last bekommen und zum Beten veranlaßt werden?* Jene, die leiden, **brauchen** unsere Gebete; sie sind ihnen eine Quelle des Lebens und der Hoffnung. Wir können durch Gebet die Ernte einfahren und den Verzweifelten Kraft geben"[45] (Rodney und Ella Hein).

„Wir sprechen im Namen der verfolgten Gemeinden. Unsere Brüder schliefen jahrelang auf dem Betonboden ungeheizter Gefängniszellen, trugen Sträflingskleidung, hungerten oder aßen noch Schlimmeres als Abfall und wurden gefoltert, aber liebten ihre Peiniger von ganzem Herzen und beteten für deren Errettung ... Wir bitten alle, die Märtyrer und Helden des Glaubens nie aus dem Blick zu verlieren"[46] (Richard Wurmbrand).

Wir sind ein Leib. „Und wenn ein Glied leidet, *so leiden alle Glieder mit*" (1 Kor 12,26). „Gedenkt derer, die [wegen ihres Glaubens] gefangen sind, *als ob ihr mit ihnen gefangen wäret*, und derer, die mißhandelt werden, *als ob ihr selbst leiden würdet*" (Hebr 13,3; wörtl. a. d. Engl.). Wir müssen die leidende Gemeinde im Herzen behalten und tun, was wir können, um ihre Bürde zu erleichtern – indem wir beten, geben, schreiben und uns um sie kümmern.

Wie würden Sie sich fühlen, wenn Sie gewaltsam aus ihrer Familie herausgerissen, fast dem Hungertod preisgegeben, brutal geschlagen, terrorisiert und schikaniert würden – und ihre *geistlichen Brüder und Schwestern*, die jeden Komfort genießen und alle Annehmlichkeiten haben, würde nicht einmal für Sie beten? Wie würden Sie sich fühlen, wenn Sie wüßten, daß sie sich für die Aktienkurse, für die aktuellen Nachrichten und Sportergebnisse, für Spielshows und Computer, für neue Kirchenbänke und für Darlehen zur Eigenheimsanierung interessieren, Sie jedoch komplett vergessen hätten? Wie würden Sie sich fühlen, wenn sie mit ihren Freunden Feste feiern und lachen, während Sie mutterseelenallein sind?

Am 19. Januar 1888 sandte die Knox Church in Toronto Missionare aus. Ein junges Ehepaar „sollte in kürze zu einem Missionsfeld in Afrika aufbrechen, das als ‚Grab des Weißen Mannes' bekannt war. Der Mann sagte: ‚Meine Frau und mich befällt eine seltsame Angst, wenn wir gehen. Es kommt uns vor, als stiegen wir in eine tiefe Grube hinab. Wir sind bereit, das Risiko auf uns zu nehmen und zu gehen, wenn ihr, unsere Heimatgemeinde, uns versprecht, *uns die Stange zu halten*.' Wie ein Mann versprachen sie es.

Es dauerte kaum zwei Jahre, bis die Frau und der kleine Junge, den Gott ihnen gegeben hatte, dem gefürchteten Fieber zum Opfer gefallen waren. Bald darauf wurde dem Mann klar, daß auch seine Tage gezählt waren. Ohne seine Heimatgemeinde von seiner Rückkehr in Kenntnis zu setzen, machte er sich unverzüglich auf den Heimweg und kam zu Hause an, als gerade die Gebetsveranstaltung am Mittwoch abend im Gange war. Von den anderen unbemerkt betrat er den Saal und setzte sich in die letzte Reihe. Am Ende der Veranstaltung ging er nach vorne. Ehrfurcht und Angst überfiel die Anwesenden, denn sein Gesicht war vom Tod gezeichnet. Er sagte:

‚Ich bin euer Missionar. Meine Frau und mein Kind sind in Afrika begraben, und ich bin nach Hause gekommen, um zu sterben. Heute abend habe ich euren Gebeten besorgt zugehört, ob ihr dabei auch an euren Missionar denkt und euer Versprechen haltet. Aber ich habe umsonst darauf gewartet! Ihr habt für alles mögliche, was euch selbst und eure Heimatgemeinde betrifft, gebetet, aber euren Missionar habt ihr vergessen. Jetzt ist mir klar, warum ich es als Missionar nicht geschafft habe. Ich habe es nicht geschafft, weil *ihr es nicht geschafft habt, mir die Stange zu halten*!'"[47] (Rosalind Goforth). Was für eine Anklage gegen uns!

Doch Jesus hält uns immer die Stange. Er kann sich nicht von seinem Leib loslösen. Er ist eins mit seinen verfolgten Brüdern und fühlt buchstäblich ihren Schmerz. Als der Herr Saulus auf der Straße nach Damaskus begegnete, fragte er ihn: „Saul, Saul, was verfolgst du mich? ... Ich bin Jesus, den du verfolgst" (Apg 9,4-5). „Wenn dem Leib Schmerzen zugefügt werden, schreit das Haupt im Himmel auf"[48] (Thomas Watson). Sollten wir nicht auch aufschreien?

In diesem Augenblick werden in „Umerziehungslagern" unaussprechliche Greuel an kostbaren Heiligen Gottes verübt, um ihnen ihren Glauben auszutreiben. *Einige von ihnen sind schon seit mehr als zwanzig Jahren dort inhaftiert.* Andere werden in Krankenhäuser für geisteskranke Kriminelle eingeliefert, wo sie häufig geschlagen und unter Drogen gesetzt werden. *Sie sind ihren wahnsinnigen Peinigern schutzlos ausgeliefert.* Doch Jesus ist nach wie vor an ihrer Seite. Werden wir an seiner Seite stehen – und an ihrer? Oder werden wir sein wie die Jünger im Garten Gethsemane und ihn – und die leidende Gemeinde – erneut verlassen? Als John Fletchers Frau sich um die Gesundheit ihres Mannes Sorgen machte, weil sie mitbekam, daß er ganze Nächte hindurch für das Volk Gottes betete, meinte er: „O Polly, die Sache Gottes ist meinem Herzen so nah!"[49] Sie muß auch unserem Herzen so nah sein.

Doch die leidende Gemeinde ist siegreich, wie Tertullian vor achtzehnhundert Jahren dem heidnischen Rom verkündete: „Je öfter wir von euch niedergemäht werden, desto größer wird unsere Zahl. Das Blut der Christen ist der Same."[50] Im Sterben bringen wir viel Frucht.

Die verfolgten Christen werden niedergeschlagen, doch Jesus richtet sie wieder auf. Sie müssen aus den tiefsten Tiefen zum Herrn schreien, doch er beugt sich zu ihnen hinab und holt sie heraus. Sie lernen es, allein bei Gott Zuflucht zu suchen. Sie sind gezwungen, sich einzig und allein auf ihn zu verlassen. Sie sollten sie um die Gnade, die sie empfangen, beneiden. Sie wird nur denen zuteil, die große Not leiden. Angesichts unserer „Fülle" haben wir nur wenig Platz für den Herrn.

Die leidende Gemeinde steht fest im Glauben. Ihr Engagement ist wohlüberlegt und voll innerer Gewißheit. Die Brüder und Schwestern verstehen, daß die Nachfolge Jesu einem auch das Leben kosten kann. Obwohl sie vielleicht ihre Familien und Freunde verlieren, *wissen sie, daß sie Jesus mehr lieben*. In ihrem Innersten haben sie die Kosten überschlagen. Ihre „Entscheidung" für den Herrn kommt aus der Tiefe ihres Herzens.

Sie leben in einem sozialen Umfeld, das Gott feindselig gegenübersteht; sie können es sich dort nicht gemütlich einrichten. Einige von ihnen haben alles verloren, weil sie Jesus nachfolgen. Ihre Schätze sind nicht hier auf Erden. *Wir* lassen uns womöglich täuschen und stehen auf du und du mit der Welt, doch für sie steht das außer Frage. Sie kennen praktisch keine Annehmlichkeiten – erst recht nicht, wenn sie ihr Kreuz auf sich nehmen! Diese Heiligen haben vielleicht noch nie in ihrem Leben einen Mikrowellenherd gesehen *und haben vermutlich auch noch nie unser „Mikrowellen-Evangelium" gehört*. Weil ihr Leben mit Feuer gesalzen ist, sind sie eine Flamme, die sich stetig ausbreitet.

Benjamin Bedel verkaufte bis zu seinem Tod im Jahr 1919 vierzig Jahre lang Evangeliumsliteratur in Persien und Mesopotamien. „Als Linguist sprach er Syrisch, Türkisch, Russisch, Persisch und Arabisch. Allein in Persien verkaufte er über dreißigtausend Exemplare der Heiligen Schrift. *Seine Kühnheit ging so weit, daß er sich, als Plakate angeschlagen wurden, die den Verkauf von christlichen Schriften bei Todesstrafe verboten, am Haupttor des Basars neben die Plakate stellte und jedermann Bibeln anbot. So trotzte dieser einzelne Mann der gewaltigen Macht des Islam.* In Nakavand litt er für seine Kühnheit und wurde auf die nackten Fußsohlen geschlagen. Bei dieser grausamen Form von Bestrafung verlor Bedel dreimal das Bewußtsein; und jedesmal, wenn er wieder zu sich gekommen war, hörte er, wie die Kutjahiden den Knechten immer noch befohlen, ihn zu schlagen, bis das Leben aus ihm geflohen sei. ‚Am selben Tag konnte ich durch die Gnade und Hilfe Gottes in dieser bigotten Stadt acht Bibeln verkaufen'"[51] (Ernest Gordon). Es gibt heute viele solcher Christen in aller Welt; sie sind unbekannt und kommen nicht groß heraus, aber beschämen uns zutiefst.

Im Jahr 1948 wurden Tong-In und Tong-Sin, die beiden Söhne des koreanischen Pastors Son, bei einem kommunistischen Studentenaufstand von einem neunzehnjährigen Marxisten erschossen. Sie wurden getötet, weil sie ihrem Glauben nicht abschwören wollten.

> „Als Pastor Son geholt wurde, um die beiden Leichen zu identifizieren, sagte er nur: ‚Ihre strahlenden Gesichter sind schön wie Blumen.'
>
> Der Aufstand wurde binnen kurzem niedergeschlagen, der Mörder der beiden Brüder gefaßt und vor Gericht gestellt. Als Pastor Son ihm begegnete, wartete er, die Hände auf dem Rücken zusammengebunden, auf sein Todesurteil. Er eilte zu den Militärbehörden und sagte: ‚Nichts und niemand kann mir meine Jungs wiedergeben; was ist damit gewonnen, wenn man diesen Mann nun tötet? Ich bin bereit, ihn aufzunehmen und zu versuchen, einen Christen aus ihm zu machen, damit er für Gott tun kann, was Tong-In und Tong-Sin nicht mehr erledigen konnten.'
>
> Die Offiziere waren einen Augenblick lang wie vom Donner gerührt. Schließlich gingen sie widerwillig auf den Vorschlag ein, und Pastor Son nahm den Mörder seiner Söhne mit nach Hause“[52] (James und Martha Hefley).

Das war Liebe in Vollkommenheit. Sie wurde aus Entbehrung und Schmerz heraus geboren. Das *wahre, tiefere Leben* ist nicht billig. Um es zu erlangen, muß man es am eigenen Leib erfahren.

Jesus „lernte ... an dem, was er litt, den Gehorsam“ (Hebr 5,8). Werden auch wir den Gehorsam lernen? Der Sohn wurde „durch Leiden vollkommen“ gemacht (Hebr 2,10). Es gibt keinen anderen Weg, wenn wir in ihm vollkommen werden wollen. „Deshalb habe ich Wohlgefallen an Schwachheiten, an Mißhandlungen, an Nöten, an Verfolgungen, an Ängsten um Christi willen; denn wenn ich schwach bin, dann bin ich stark“ (2 Kor 12,10).

Und wir? Wie stark sind wir?

Kapitel 13

Geht hin in alle Welt ...

Im Jahr 1865 kehrte der britische Missionar und Forscher David Livingstone zum dritten und letzten Mal nach Afrika zurück. Fast sieben Jahre lang sah dieser „bärtige, zahnlose, ausgezehrte alte Mann" keinen anderen Europäer. Da das Gerücht von seinem Tod umging, beauftragte der New York Herald Henry Stanley, im afrikanischen Dschungel nach Livingstone zu suchen. (Als Stanley ihn fand, sprach er die berühmten Worte: „Dr. Livingstone, I presume" – „Dr. Livingstone, wie ich vermute".) Stanley war bis dato ein weltlicher Reporter gewesen, der im Bürgerkrieg für Geld *auf beiden Seiten* gekämpft hatte. Doch seine Zeit mit Livingstone veränderte ihn grundlegend. Von ihm stammt der folgende Bericht:

> „Vier Monate und vier Tage lebte ich mit ihm in derselben Hütte, auf demselben Boot, im selben Zelt und fand nichts, was man an ihm hätte aussetzen können. Als ich nach Afrika kam, war ich gegenüber Religion so voreingenommen wie der schlimmste Ungläubige Londons. Einem Reporter wie mir, der es ausschließlich mit Kriegen, Massenveranstaltungen und politischen Konferenzen zu tun hatte, waren sentimentale Dinge ziemlich fremd. Aber ich hatte lange Zeit, nachzudenken. Ich war da draußen, fernab von einer weltlichen Welt. Ich fand diesen alten Mann dort so ganz allein und fragte mich: ‚Warum bleibt er hier? Was inspiriert ihn dazu?' In den Monaten nach unserer Begegnung stellte ich fest, daß ich ihm zuhörte und mich über den alten Mann wunderte, als er die Worte aussprach: ‚Verlaßt alles und folgt mir nach'. Doch da ich seine Frömmigkeit sah, seine Sanftmut, seinen Eifer, seine Ernsthaftigkeit und wie ruhig er seiner Arbeit nachging,

wurde ich allmählich von ihm bekehrt, obwohl er dies gar nicht versucht hatte."[53]

Am 1. Mai 1873 wurde Livingstone von seinen Dienern an seinem Feldbett kniend tot aufgefunden. Als Zeichen ihrer großen Liebe und Hochachtung beerdigten die Eingeborenen sein Herz in Afrika, bevor sie seinen von der Sonne mumifizierten Leichnam an die Küste trugen (eine neunmonatige Reise), von wo er nach England überführt wurde. Doch Stanleys tiefschürfende Fragen fordern noch heute eine Antwort: Warum blieb Livingstone dort mitten in einem fremden Land? Was inspirierte ihn dazu? Warum sollte ein Mann oder eine Frau Freunde und Familie verlassen, alle irdischen Annehmlichkeiten aufgeben und das Risiko auf sich nehmen, mitten unter Heiden krank zu werden oder zu sterben? Was haben so viele Missionare erkannt, was wir heute nicht erkennen? Warum waren sie so tief bewegt, während wir heute oft völlig regungslos sind?

> „Es ist mein Geschäft, für Christus Zeugnis zu geben. Schuhe mache ich nur, um meine Ausgaben zu decken" (William Carey). Was ist unser Geschäft?
> „Es wäre die Sehnsucht meines Herzens, bevor ich sterbe einmal um die ganze Welt zu gehen und jeder Kreatur eine Evangeliumseinladung ins Ohr zu predigen"[54] (William C. Burns). Was ist die Sehnsucht unseres Herzens?
> „Heute bin ich fünfundsechzig ... *O wie sehr, mehr als ein Geizhals das Gold, begehre ich noch zwanzig Jahre dieser seelenrettenden Arbeit*"[55] (Jonathan Goforth). Was begehren wir mehr als ein Geizhals das Gold?

Denken wir nur an Adoniram Judson, den ersten amerikanischen Auslandsmissionar, der am 9. August 1788 in Massachusetts geboren wurde. Während er sich 1810 auf seine Abreise nach Indien und Burma vorbereitete, verliebte er sich in Ann (Nancy) Hasseltine. Sie war ein Teenager aus einem sozial angesehenen Elternhaus, eine junge Frau, die das Leben und den Spaß liebte, bevor sie mit fünfzehn von neuem geboren wurde. Danach weihte sie ihr Leben ganz dem Herrn. Doch ohne die Zustimmung ihres

Vaters konnte Judson sie nicht heiraten. Im folgenden lesen Sie den bemerkenswerten Brief, den er John Hasseltine schrieb, der selbst erst seit kurzem gläubig war:

> „Ich muß nun fragen, ob Sie damit einverstanden sind, sich zu Beginn des nächsten Frühjahrs von Ihrer Tochter zu trennen und sie in dieser Welt nicht mehr zu sehen; ob Sie damit einverstanden sind, daß sie weggeht und den Entbehrungen und Leiden eines Missionarslebens unterworfen ist; ob Sie damit einverstanden sind, daß sie den Gefahren des Ozeans ausgesetzt ist, den verheerenden Auswirkungen des indischen Klimas, allen Arten von Mangel und Leid, daß sie Abkanzelungen, Beleidigungen, Verfolgung und vielleicht einen gewaltsamen Tod erleiden wird. Sind Sie mit alledem einverstanden um dessentwillen, der seine himmlische Heimat verließ und für Ihre Tochter und Sie starb? Um unsterblicher Seelen willen, die im Begriff sind zugrunde zu gehen? Um Zions und der Ehre Gottes willen? Sind Sie mit alledem einverstanden, in der Hoffnung, Ihre Tochter bald in der Welt der Herrlichkeit zu treffen, mit der Krone der Gerechtigkeit, im Glanz der Anerkennung und des ihrem Heiland zur Ehre gereichenden Lobs von Heiden, die durch ihren Einsatz von ewigem Jammer und Verzweiflung gerettet wurden?“

Erstaunlicherweise überließ ihr Vater ihr die Entscheidung. Bald darauf schrieb sie einer Freundin: „Ich bin nun zu dem festen Entschluß gelangt, all meine Annehmlichkeiten und Freuden hier aufzugeben, meine Zuneigung zu Verwandten und Freunden zu opfern, und dorthin zu gehen, wo Gott mich in seiner Vorsehung hinstellen wird.“ Trotz einiger Ängste wußte sie, daß sie in der Treue Gottes ruhen konnte, obwohl, wie sie sagte „... meines Wissens noch keine Frau je die Küste Amerikas verließ, um ihr Leben unter Heiden zuzubringen; noch weiß ich in diesem Augenblick, ob ich je auch nur eine einzige weibliche Gefährtin haben werde. Doch Gott ist mein Zeuge, daß ich es nicht wagte, das Angebot abzuschlagen, das mir unterbreitet wurde, obwohl so viele schnell dabei sind, es ein ‚wildes und romantisches Unterfangen' zu nennen."

Die Judsons mühten sich fast sieben Jahre ab, bevor sie ihren ersten Bekehrten gewannen. Nach neun Jahren hatten sie nur achtzehn Leute getauft. Einige ihrer Missionarskollegen starben. Andere verließen das Missionsfeld. Ihr erstes Baby kam während der ersten Reise von Kalkutta nach Burma tot zur Welt. Ihr zweites Baby Roger starb als es noch keine neun Monate alt war. Adoniram selbst wurde bei einer konzertierten Aktion gegen alle Ausländer inhaftiert und siebzehn Monate lang unter brutalsten Bedingungen gefangengehalten, wobei er die entsetzliche und unmenschliche Behandlung nur knapp überlebte. Eines Nachts, während seine bloßen, blutenden Füße in einem erhöht angebrachten Stock lagen, ließ sich ein Moskitoschwarm auf seinen Fußsohlen nieder und bereitete ihm unvorstellbare Qualen.

Nicht lange nach seiner Freilassung aus dem Gefängnis starb Adonirams geliebte Frau Nancy. Ihr Leben der fortwährenden Aufopferung und des unaufhörlichen Dienens hatte letztlich einen hohen Tribut gefordert. Nur wenige Wochen später mußte auch ihr drittes Baby Maria urplötzlich diese Welt verlassen. Judson war, von Schmerz und Trauer schier aufgerieben, unendlich allein in einem feindseligen, buddhistischen Land.

Vor ihm lag die Aussicht auf ein Leben im Dschungel, wo wilde Tiger lauern, in Häusern, in denen es von Fledermäusen wimmelt, und in einem Klima, das allen Arten von Fieber einen idealen Nährboden bietet. Hinter ihm lag ein geradezu unvorstellbarer, mit Entbehrungen und Verlusten gepflasterter Weg. Aber er ließ seine Arbeit nicht im Stich. Er hörte nicht auf, die Bibel zu übersetzen, zu predigen und zu lehren. Wie könnte er? Schließlich standen unsterbliche Seelen auf dem Spiel. Wer sonst könnte die Burmesen so gut erreichen wie er? Also blieb er noch über zwanzig Jahre dort und kehrte nur einmal nach Amerika zurück – weil es erforderlich war, nicht, weil er wollte.

Für Judson war die Mission eine lebenslange Verpflichtung, und er konntc niemanden gebrauchen, der nur für kurze Zeit auf dem Missionsfeld tätig sein wollte. „Sie kommen für ein paar Jahre hierher mit der Aussicht, sich so einen Grundstock an Verdienst und Anerkennung zu erwerben, von dem sie die restlichen Tage ihres Lebens im angenehmen Klima ihres Heimatlandes zehren können ... Das Motto jedes Missionars, sei er Prediger, Buchdrucker oder Schullehrer, sollte lauten: *‚Hingabe fürs Leben‘*."

Adoniram Judsons Hingabe fürs Leben war nicht umsonst. Einmal, so berichtet er, hätte er bei einem alljährlichen Fest an der großen, goldenen, buddhistischen Pagode von Rangun „... fast zehntausend Traktate verteilt, wobei ich sie nur denen gab, die mich darum baten ... Einige kommen zwei oder drei Monatsreisen von der Grenze nach Siam und China und sagen: ‚Sir, wie wir hören, gibt es eine ewige Hölle. Wir haben Angst davor. Geben Sie uns eine Schrift, die uns sagt, wie wir ihr entkommen können.‘ ... Andere kommen aus dem Landesinneren, wo der Name Jesus Christus kaum bekannt ist, und sagen: ‚Sind Sie der Mann dieses Jesus Christus? Geben Sie uns eine Schrift, die von Jesus Christus erzählt.‘“[56] Für Judson hat es sich gelohnt. *Heute gibt es in Burma über eine Million Christen.*

Was bewegte vor fast zweihundert Jahren das Herz des jungen, hochintelligenten Henry Martyn? Er erzählt, seine Fellows in Cambridge „... meinten, es sei für mich ein zutiefst unschicklicher Schritt, die Universität zu verlassen, um den unwissenden Heiden zu predigen, was schließlich jeder x-beliebige tun könne." Auch Martyn empfand die pastorale Arbeit als schwierig und hatte keine sichtbaren Erfolge als Menschenfischer. Trotzdem hatte er eine klare und eindeutige Berufung von Gott: „Möge es dem Herrn wohlgefallen, dies in meinem Sinn festzumachen, daß ich inmitten sterbender Seelen bin, die in Scharen zur Hölle fahren. Wie grausam, wie gottlos, einen Bruder mangels einer Warnung umkommen zu lassen."

Zu einem früheren Zeitpunkt hätte er seinen materiellen Wohlstand niemals für das Evangelium geopfert. Doch nun schlug sein Herz für die Menschenmassen Indiens. „Zehntausendmal mehr als je zuvor fühle ich mich diesem kostbaren Werk verpflichtet. O mit Freuden soll dies niedere Blut vergossen werden, jeder einzelne Tropfen, wenn Indien durch eines dieser Kinder geholfen werden kann, wenn nur eins dieser niederen

Geschöpfe des allmächtigen Gottes für diese Aufgabe nach Hause geholt wird."

Es brach ihm das Herz, als er seiner Heimat Lebewohl sagen mußte. Noch schwieriger war es für ihn, Lydia Grenfell zu verlassen, eine junge Frau, die er leidenschaftlich liebte und geheiratet hätte, wäre da nicht die Angst gewesen, eine Ehe könnte ihn in seiner Berufung behindern. Damit nicht genug: Sein labiler Gesundheitszustand verschlimmerte sich. „O meine teuren Freunde in England", schrieb er in sein Tagebuch, „als wir in Jubelstimmung von der Mission an den Heiden sprachen, während wir bei bester Gesundheit, voller Freude und Hoffnung waren, wie unvollkommen war damals doch unsere Vorstellung, unter welchen Leiden dies bewerkstelligt werden muß." Dennoch gab er sich vorbehaltlos in diese Aufgabe hinein und kümmerte sich stets zuerst um die Nöte der anderen. Seine Leistungen in Indien und Persien waren eine Herkulesarbeit, seine Frömmigkeit und Gottesfurcht wurden zur Legende.

Warum gab er sich dem Werk des Herrn hin, ohne sich zu schonen, obwohl er oft ganz allein „britischer Gleichgültigkeit, indischer Apathie und muslimischer Feindseligkeit" gegenüberstand? Warum weigerte er sich, kürzer zu treten oder sich zur Ruhe zu setzen, selbst als sich sein eigener Gesundheitszustand rapide verschlechterte? „Der Mann, der sich unter jenen Menschen abplagte, die selbst der geringste Angestellte der Ostindischen Kompanie verachtet hätte, und der seinen sterbenden Leib viele hundert Meilen weit übers Meer und über die Berge schleppte, tat es aus folgendem Grund: um den Willen Gottes zu tun und Männer und Frauen vor der Vernichtung zu bewahren"[57] (R. T. France).

Und was zwang den in Schottland geborenen John Paton, als missionarischer Pionier zu den „Kannibalen" der Südseeinseln zu gehen und diesem Werk fast fünfzig Jahre seines Lebens zu widmen? Während er sich in Schottland auf der Universität mit Theologie und Medizin herumschlug, sei Paton „von dem hohen Ziel über Wasser gehalten worden, das", wie er es formulierte, „all diese Jahre hell in meiner Seele leuchtete, nämlich in Seinem Besitz zu sein und von Ihm gebraucht zu werden, um verlorene Menschen zum Heil zu führen."

Es bereitete ihm Kummer, als niemand auf der Synode seiner Kirche auf die Notwendigkeit reagierte, einen neuen Missionar in die Südsee zu entsenden. „Der Herr sagte immer wieder zu mir: ‚Da kein besser Qualifizierter zu bekommen ist, steh du auf und biete dich an.‘ Der Impuls, laut zu antworten: ‚Hier bin ich; schickt mich‘, überwältigte mich fast.“

Doch Paton wollte seine eigenen Emotionen nicht mit dem Ruf Gottes verwechseln, weshalb er noch ein paar Tage weiterbetete und intensiv nachdachte, „um den Vorschlag aus jedem Blickwinkel zu beleuchten ... Ich spürte eine wachsende Gewißheit, daß dies der Ruf Gottes an seinen Knecht war. Die Klagen und Anrechte der Heiden klangen beständig in meinen Ohren. Ich sah sie zugrunde gehen, weil sie den wahren Gott und seinen Sohn Jesus nicht kannten, während meine eigenen Leute in Schottland die Bibel und alle anderen Mittel der Gnade in bequemer Reichweite hatten.“

Doch sein Entschluß zu gehen, stieß fast überall auf Ablehnung. „Einige entgegneten mir: ‚Es gibt doch auch zu Hause Heiden; suchen und retten wir doch als erstes die Verlorenen, die vor unserer Haustür umkommen.‘“ Wir müssen zunächst an der Heimatfront evangelisieren, bevor wir uns Gedanken über den Rest der Welt machen. Leben etwa nicht Millionen von Sündern rund um uns herum? Ist es etwa nicht logisch und richtig, zuerst einmal ihnen zu predigen?

Paton stimmte zu, daß es zu Hause tatsächlich viele Heiden gab. „Ich hatte das Gefühl, daß dies zutiefst wahr sei und eine entsetzliche Tatsache; doch stellte ich stets fest, daß jene, die mir dies entgegneten, selbst die Heiden bei uns zu Hause vernachlässigten ... [Hören wir gut zu. Diese Botschaft gilt uns!] Bereitwillig geben sie mehr Geld für eine modische ‚Teatime-‘ oder Dinner-Party aus, für ein Konzert, einen Ball oder einen Theaterbesuch oder für eine protzige Zurschaustellung oder für weltlichen oder selbstsüchtigen Luxus – zehnmal mehr, vielleicht an einem einzigen Tag, als sie in einem Jahr oder in einem halben Menschenleben für die Bekehrung der ganzen heidnischen Welt geben, sei es zu Hause oder in Übersee.“ Starke Worte, aber bejammernswert wahr!

Im Jahr 1906, im Alter von 82 Jahren und nur wenige Monate, nachdem er seine 41-jährige Frau verloren hatte, reiste er zu einem Predigttermin nach Australien, wo er von seiner Kutsche gestoßen und bewußtlos geschlagen wurde. Trotz des Kopfverbands und der Blessuren bestand er darauf zu predigen. „Weshalb bin ich verschont geblieben“, sagte er, „wenn nicht dafür, daß ich jede mir noch bleibende Gelegenheit nutze, um für die verlorenen Heiden einzutreten.“[58] Und weshalb sind wir verschont geblieben, wenn nicht dafür, daß wir auf Patons Flehen reagieren, auf die Schreie der Verlorenen reagieren, auf den Ruf des Herrn reagieren. *Warum sonst sind wir hier?*

In unserer Zeit leben mehr verlorene Menschen als je zuvor in der Geschichte der Menschheit. Und wir haben weniger Zeit als je zuvor, um sie zu erreichen. Wie können wir uns zurücklehnen? Macht es uns nicht betroffen, daß es *eine Milliarde* Menschen gibt, die noch nie den Namen Jesus gehört haben? Ist uns das nicht Anlaß genug, um aktiv zu werden?

Es gibt mehr als 12 000 eigenständige Bevölkerungsgruppen, die keine eigenen Gemeinden haben. Heute gibt es etwa 6100 Sprachen auf der Welt; in *mehr als die Hälfte* davon wurde noch kein einziger Vers der Bibel übersetzt und in nur knapp *ein Zehntel* davon das vollständige Neue Testament. Die Erdbevölkerung wächst täglich um über *eine Viertelmillionen* Menschen. Jesus vergoß sein Blut für jeden einzelnen von ihnen. Worauf warten wir bloß?

In diesem Augenblick gibt es überall auf der Welt Missionare und einheimische Mitarbeiter, die hundertmal mehr Menschen erreichen könnten, wenn sie eine angemessene finanzielle Unterstützung hätten. Doch wir im Westen leben wie Könige und werden Tag für Tag fetter und voller. Warum erkennen wir nicht, daß das angesichts der einzufahrenden Ernte eine Torheit ist? Warum erkennen wir nicht, daß wir in diesem Punkt verkehrt denken? Können wir unseren notleidenden Brüdern nach wie vor die kalte Schulter zeigen? Können wir uns weigern, Opfer zu bringen?

Auf jedem Kontinent leben zahllose Seelen, die dem Tod geweiht sind. Gott kennt jede einzelne von ihnen mit Namen. Bis auf den heutigen Tag leben sie in Unwissenheit und Finsternis – im Kerker des Teufels und im Gefängnis ihrer Sünden.

Doch wir haben den Schlüssel, der sie dort herausholen kann. Wir haben die ewig gültige Antwort für ihr Leben. Wir haben die Wahrheit und das Licht. Wird von uns überhaupt jemand aufstehen und gehen? Wird von uns überhaupt jemand im Blick auf die zukünftige Herrlichkeit jetzt alles hinter sich lassen – *es ist ohnehin nur für dieses kurze Leben*?

Wir müssen unsere Lebensweise ernsthaft überdenken. Wir haben eine fundamentale Wahrheit aus den Augen verloren. Jesus gab sein Leben für diese im Sterben liegende Welt. Können wir weniger geben? Mission ist das Herzstück des Evangeliums. *Gerettet werden heißt gesandt werden.* Die Nationen gehen ohne Hoffnung zugrunde. Die Zeit läuft uns davon. Wir müssen diese kostbaren Menschen erreichen, bevor es zu spät ist. *Wenn wir nicht geben oder gehen, wer dann?*

> Unser Herr sagt:
> „Höre ... und sieh, und neige dein Ohr; und vergiß dein Volk und deines Vaters Haus! ... *Geht hin* in die ganze Welt und predigt das Evangelium der ganzen Schöpfung ... *Geht nun hin* und macht alle Nationen zu Jüngern ... Wie der Vater mich ausgesandt hat, sende ich auch euch ... *Geht hin!* Siehe, ich sende euch ...“[59]

Kapitel 14

Kauft die Zeit aus

Zu Beginn des Jahres 1832 schrieb der neunzehnjährige Robert Murray M'Cheyne ganz am Anfang der Vorbereitungen auf seinen geistlichen Dienst in sein Tagebuch: „2. Februar: Nichts Nennenswertes! Und dennoch muß für diese vierundzwanzig Stunden Rechenschaft abgelegt werden.“[60] Wird am Ende unserer Tage über uns dasselbe Urteil gefällt werden: „Nichts Nennenswertes“ – und dennoch müssen wir Rechenschaft ablegen!

Wir achten oft viel mehr auf die Quantität als auf die Qualität unseres Lebens. Wir möchten gesund, aktiv und fit sein und unser Leben voll auskosten. Aber wir können neunzig Jahre alt werden und doch ein leeres, belangloses Leben geführt haben. Wir können ein ganzes Jahrhundert alt werden und doch zerrinnt uns alles zwischen den Fingern. Ein Diamant ist wertvoller als tausend gewöhnliche Steine.

„Wie werde ich mich beim Gericht fühlen, wenn im Rückblick unzählige versäumte Gelegenheiten an mir vorbeiziehen und sich all meine Entschuldigungen als Tarnungen meiner Feigheit und meines Hochmuts erweisen?“[61] (W. E. Sangster) Was werden wir Gott an jenem Tag antworten?

Doch unser Problem ist nicht nur Feigheit und Hochmut. Einige von uns gehen wie Schlafwandler durchs Leben! Wie werden wir uns beim Gericht fühlen, wenn im Rückblick unzählige versäumte Gelegenheiten an uns vorbeiziehen – und wir feststellen, daß wir uns dieser Gelegenheiten nicht im geringsten bewußt waren? Was für ein entsetzlicher Augenblick für viele von uns, wenn wir erkennen, daß das Leben komplett an uns vorübergezogen ist – und es dann zu spät ist, etwas dagegen zu unternehmen!

Jonathan Edwards traf 70 Beschlüsse, an denen er sein Leben orientierte. Hier nur ein paar davon: „*Entschlossen*, niemals auch nur einen Moment Zeit zu verlieren, sondern ihn in der gewinnbringendsten Weise, die mir irgend möglich ist, zu verbessern ... *Entschlossen*, mit aller Kraft zu leben, solange ich lebe ... *Entschlossen*, niemals etwas zu tun, was mir Angst machen würde, wenn dies die letzte Stunde meines Lebens wäre.“ Es war auch Jonathan Edwards, der betete: „Herr, präge mir die Ewigkeit auf die Augen.“[62] Er lebte jeden Tag mit der Ewigkeit im Blick. „Nichts vermag so zu zeigen, was real ist und was nicht, wie das Licht der Ewigkeit“ (Catherine Booth).

Viele von uns lassen sich von ihren momentanen Lebensumständen bestimmen. Wir werden von den drängenden Notwendigkeiten des Augenblicks beherrscht. Wir wissen nicht, wie wir unseren Tagesplan in den Griff bekommen. Wir sind zu beschäftigt, um irgend etwas zu tun, das für Gott einen Wert hätte. Was am unwichtigsten ist, kostet uns am meisten Zeit. Was am wichtigsten ist, wird nur selten getan. Unser Leben ist eine Aneinanderreihung unerreichter Ziele. Es gibt viel Aktivismus, aber kaum dauerhafte Zufriedenheit. Wir werden gelebt, anstatt daß wir selbst – Gott untergeordnet – unser Leben in die Hand nehmen.

Wir müssen uns einige unangenehme Fragen stellen: Ist das, wofür wir leben, den Tod Jesu wert? Machen wir das beste aus jeder Gelegenheit? Leben wir zur Ehre Gottes? Ist uns klar, daß diese Welt für uns nur eine Durchgangsstation ist? „Hütet euch vor der Unfruchtbarkeit eines geschäftigen Lebens“ (Corrie Ten Boom).

Die paar kurzen Jahre, die wir auf diesem Planeten haben, könnten von Frustration und Vergeblichkeit oder von Fruchtbarkeit und Erfüllung gekennzeichnet sein. Wer weiß, wieviel durch ein einziges Leben bewirkt werden könnte, das Gott ganz und gar hingegeben ist? Wer weiß, was Gott durch Sie tun könnte, wenn Sie ihm alles ausliefern würden? „Bedenke, was Dir für Zeit und Ewigkeit entgeht, wenn Du Jesus nur mit halbem Herzen liebst“ (Basilea Schlink).

William Carey begann seine Karriere als ungebildeter Schuhmacher in England. Er beendete sein Leben in Indien als Vater der modernen Mission und war außerdem noch Professor für orientalische Sprachen am Fort William College in Kalkutta.

Und er hatte sich fast alles selbst beigebracht! Wer hätte sich so etwas träumen lassen? Für Carey kam das alles nicht überraschend, denn sein Lebensmotto lautete: „Erwarte Großes von Gott. Versuche Großes für Gott."[63] Ja – „Alles ist möglich dem, der glaubt" (Mk 9,23; Schlachter).

Als sich Henry Martyn in Cambridge Verdienste auf dem Gebiet der Mathematik und der Altphilologie erwarb, war er bekannt als „der Mann, der nie eine Stunde verlor". Als Christ und Missionar blieb er dieser Devise treu. Als er nach sechs kurzen Jahren der Missionsarbeit im zarten Alter von einunddreißig starb, hatte er ausgezeichnete Übersetzungen des ganzen Neuen Testaments in Hindustani (Urdu) und Persisch angefertigt und zudem die Psalmen ins Persische und das Book of Common Prayer (das amtliche, liturgische Buch der anglikanischen Kirche; Anm. d. Übers.) in Hindustani übersetzt. Das Werk mehrerer Jahrzehnte wurde in weniger als 70 Monaten vollbracht.

Stellen Sie sich nur vor, was wir in vielen Jahren des Dienstes bewerkstelligen könnten – wenn wir mit gleichmäßigem Schritt Gott nachfolgen und dem Feuer in unserem Herzen immer wieder Brennstoff geben würden. „Im Fleiß lasset nicht nach, seid brennend im Geist (Schlachter) ... [Fache] die Gnadengabe Gottes [an], die in dir ist ... Denn zur bestimmten Zeit werden wir ernten, wenn wir nicht ermatten" (Röm 12,11; 2 Tim 1,6; Gal 6,9).

Wir müssen nicht notwendigerweise all das erdulden, was einige dieser Männer und Frauen erduldeten – in einem fremden Land mit Tuberkulose dahinsiechen und sterben, an Entbehrungen und Unterernährung leiden, sich selbst ins Grab bringen –, um das Werk des Herrn zu vollbringen. Aber ihre völlige Hingabe an Gott sollte uns aufrütteln und zum Handeln anspornen.

David Brown, ein Freund und Mitarbeiter von Henry Martyn schrieb in einem Brief an ihn: „„... du brennst mit der Intensität und der rasch lodernden Flamme von erhitztem Phosphor"[64]. Das war die Erfüllung des Wunsches, den Martyn bei seiner Ankunft in Indien in sein Tagebuch schrieb: „Und nun möge ich für Gott ausbrennen."

Auch George Whitefield war Feuer und Flamme für den Herrn. Zwischen seinem zwanzigsten und sechsundfünfzigsten

Lebensjahr hielt er etwa 30 000 Predigten und predigte oft *40 bis 60 Stunden pro Woche*. Er predigte vor Versammlungen von bis zu 40 000 Menschen – ohne Tonanlage und praktisch ohne Werbung. Im Laufe seines 34-jährigen Dienstes predigte er praktisch in jeder Stadt in England, Schottland und Wales und besuchte zudem noch Irland. Siebenmal überquerte er den Atlantik und gewann sowohl in Nord- als auch in Südamerika Tausende Seelen für den Herrn – und all das mit den Transportmitteln des 18. Jahrhunderts.

> „Wer ... würde es für möglich halten, daß ein Mensch, der gerade erst das Mannesalter erreicht hat, in einer einzigen Woche – und das über Jahre hinweg – für gewöhnlich vierzig und in sehr vielen Wochen sechzig Stunden predigen könnte und das vor Tausenden von Menschen; und daß er nach dieser Anstrengung anstatt sich auszuruhen, in jedem Haus, in das er eingeladen wurde, wie es seine Gewohnheit war, Gebet und Fürbitte mit Hymnen und geistlichen Liedern darbrachte? Dic Wahrheit ist, daß dieser außergewöhnliche Diener Gottes, was seine Arbeitsleistung betrifft, in wenigen Wochen tat, was die meisten, die sich anstrengen, innerhalb des Zeitraums eines Jahres tun können“[65] (Henry Venn).

Wie kam es, daß Whitefield in so kurzer Zeit so viel schaffte? (Vergessen wir nicht, daß er zudem noch ein großes Waisenhaus in Georgia erbaute und unterhielt und eine umfangreiche Korrespondenz mit Menschen in praktisch allen Ecken der Welt pflegte.) Es stimmt, daß er eine überwältigende Last für Menschenseelen hatte. Er betete oft: „Herr, gib mir Seelen oder nimm meine Seele!“ Aber er wußte auch, wie man die Zeit für den Herrn auskauft. Jeden Abend beurteilte er seinen Tagesablauf nach einer sorgsam durchdachten Liste mit fünfzehn Kriterien:

1. War ich brennend im persönlichen Gebet?
2. Hielt ich festgesetzte Gebetszeiten ein?
3. Sprach ich jede Stunde spontane, laute Gebete?

4. Bedachte ich nach oder vor jeder bewußten Unterhaltung oder Handlung, inwieweit sie Gott zur Ehre gereichen würde?
5. Dankte ich sofort nach jeder Freude?
6. Plante ich die Verrichtungen für den Tag?
7. War ich in allen Dingen schlicht und selbstdiszipliniert?
8. War ich eifrig darin, wo ich konnte, Gutes zu versuchen und aktiv zu tun?
9. War ich in allem, was ich sagte oder tat, sanftmütig, fröhlich und freundlich?
10. War ich hochmütig, eitel, unkeusch oder neidisch auf andere?
11. Übte ich beim Essen und Trinken Selbstdisziplin? War ich dankbar? Schlief ich in Maßen?
12. Nahm ich mir Zeit, nach William Laws Regeln zu danken?
13. War ich sorgfältig in meinen Studien?
14. Sprach oder dachte ich lieblos über jemanden?
15. Bekannte ich alle Sünden?[66]

Wen wundert's, daß er eine führende Persönlichkeit der großen Erweckung in England und Amerika im 18. Jahrhundert war?

Doch Whitefield ruhte sich nicht auf seinen Lorbeeren aus. Einmal schrieb er: „Im Augenblick ist es meine beständige Arbeit, etwa fünfzehn Mal pro Woche zu predigen ... *Und es ist mein größter Kummer, daß ich nicht mehr für ihn tun kann, der so viel für mich getan und gelitten hat.*"

1753, im Alter von 39 Jahren, schrieb er: „Möge sich keiner meiner Freunde an einen derart trägen, lauen, nichtsnutzigen Wurm wenden. Erspart euch dies. Spornt mich statt dessen an, so bitte ich euch inständig, mit einem ‚Wach auf, du Schläfer, und fang an, etwas für deinen Gott zu tun.'" Und im Jahr 1754 schrieb er in Amerika, nachdem er von einer schweren Krankheit genesen war, an Charles Wesley: „Meine Gesundheit ist prächtig ..., obwohl ich ganze Nächte durchreite und schon des öfteren schweren Gewittern, mächtigem Blitzschlag und schweren Regengüssen ausgesetzt war; dennoch geht es mir besser als gewöhnlich, und soweit ich es beurteilen kann, muß ich noch nicht sterben. O wenn ich doch endlich zu leben beginnen würde. Ich schäme mich für meine Faulheit und Lauheit und sehne mich danach, mein Äußerstes für Gott zu geben."

Als man Whitefield drängte, etwas kürzer zu treten und mehr auf sich selbst zu achten, erwiderte er: „Es ist besser, sich zu verschleißen, als zu verrosten."[67] Bis auf den heutigen Tag ist sein Dienst ein strahlendes Licht.

Von seinem Zeitgenossen John Wesley lernte Whitefield, wie wichtig es ist, diszipliniert und nach festen Regeln zu leben. Wesleys Verhaltenskodex lautete:

> Tue Gutes, was auch immer du kannst,
> Mit welchen Mitteln auch immer du kannst,
> Wie auch immer du kannst,
> Wo auch immer du kannst,
> Wann auch immer du kannst,
> Wem auch immer du kannst,
> Solange du kannst.

In den 53 Jahren seines geistlichen Dienstes (Wesley wurde 88 Jahre alt), rekrutierte und organisierte er eine Armee radikaler Laienprediger, legte er etwa 5000 Meilen pro Jahr mit dem Pferd oder der Pferdekutsche zurück, hielt er über 50 000 Predigten, schrieb er 233 Bücher und Schriften (von Bibelkommentaren bis hin zu medizinischen Abhandlungen) und las und inspizierte alles Interessante, was in Europa veröffentlicht wurde. Er trieb seinen 1,60 Meter großen und 60 Kilo schweren Körper bis zum absoluten Limit und häufte sich einen ewigen Schatz an, der nie vergilben oder verderben wird.

Im Jahr 1771 beschrieb John Fletcher Wesley als einen Mann der „... mit unermüdlichem Fleiß durch die drei Königreiche [fliegt] und Sünder zur Buße und zum heilenden Quell des Blutes Jesu ruft. Trotz der Last seiner fast siebzig Jahre und der Obhut von fast 30 000 Seelen beschämt er mit seinem nicht nachlassenden Eifer und seinen immensen Anstrengungen noch immer alle jungen Priester Englands, ja vielleicht sogar der ganzen Christenheit. Er stößt reichlich in die Trompete des Evangeliums und reitet zwanzig Meilen noch bevor sich die meisten Professoren, die sein Werk verschmähen, aus ihren weichen Kissen erhoben haben. So wie er den Tag, die Woche, das Jahr beginnt, so beschließt er sie auch, immer noch eifrig bedacht auf weitreichende Dienste zur Ehre des Erlösers und zum Wohle der Seelen.“[68]

Es war John Wesley, der sagte: „Ich lebe in Eile, aber stets ohne Hast.“ Möge uns sein Vorbild heute herausfordern.

* * *

Am 18. Dezember 1831 schrieb Robert Murray M’Cheyne nach einem leichtfertig verbrachten Abend in sein Tagebuch: „Mein Herz muß mit all diesen Dingen brechen. Welches Recht habe ich, die Zeit meines Meisters zu stehlen und zu mißbrauchen? ‚Kauf die Zeit aus‘, ruft er mir zu.“[69]

Was ruft er uns zu?

Kapitel 15

Das unsanfte Erwachen

Vor zweihundertfünfzig Jahren fegte eine gewaltige Erweckung über die USA hinweg. Der Zustrom zu den Gemeinden stieg rapide an, während Unmoral und Trunkenheit drastisch sanken. Viele Tausend Gläubige wachten auf und unzählige Unbekehrte wurden wahrhaft wiedergeboren. Damals sagte George Whitefield: „Ich liebe alle, die das Wort hinausdonnern! Die christliche Welt schläft fest. Nichts außer einer lauten Stimme kann sie aus ihrem Schlaf wecken!" Das war die Große Erweckung.

Doch die Christen in der westlichen Welt brauchen keine Große Erweckung. *Wir brauchen ein unsanftes Erwachen.* Ein Geist des Schlafes liegt über dem Leib, *und wir sind Opfer einer gewaltigen Täuschung.* Wir meinen, wir befänden uns in einer endzeitlichen Erweckung, doch in Wirklichkeit kämpfen wir ums Überleben. Wir meinen, wir seien bereit, die ganze Welt einzunehmen, doch in Wirklichkeit hat die Welt uns eingenommen.

Für das Volk Gottes heißt es: jetzt oder nie. Entweder träumen wir weiter oder wir stellen uns den Tatsachen. So oder so werden wir aus unserer Starre herausgerissen werden – durch inneren Antrieb oder durch äußere Erschütterung, durch Beharrlichkeit im Inneren oder durch Verfolgung von außen, indem wir uns selbst richten oder indem wir gerichtet werden. So oder so wird unser friedlicher Schlaf ein jähes Ende finden.

> Nehmen wir unseren geistlichen Zustand genau und ehrlich unter die Lupe.

Die USA haben 250 Millionen Einwohner und über 350 000 protestantische Geistliche – *einen für 700 Amerikaner.* Doch für die 5,25 Milliarden Menschen außerhalb unseres Landes haben wir weniger als 50 000 vollzeitliche protestantische Missionare auf dem Missionsfeld – *einen für 115 000 Seelen*! Auf *1000* amerikanische Evangelikale kommt – statistisch gesehen – *weniger als ein* Missionar, den wir aussenden (Kurzzeit-Mitarbeiter mit eingerechnet). Nicht einmal *0,1 Prozent* aller „wiedergeborenen" Amerikaner verkünden derzeit das Evangelium in einem anderen Land. Neuseeland und Norwegen senden proportional zur Einwohnerzahl weitaus mehr Missionare aus. Wir sind nicht so groß wie wir meinen. *Wir brauchen ein unsanftes Erwachen.*

„Evangelikale in den Vereinigten Staaten verdienen pro Jahr 700 Milliarden Dollar. Davon geben sie dem Leib Christi 21 Milliarden, oder 3,0 Prozent. Von diesen 21 Milliarden werden 2,1 Milliarden, oder 0,3 Prozent der Gesamtsumme, in die Mission gesteckt. Davon entfallen 20 Millionen, oder 0,0029 Prozent der Gesamtsumme, auf unerreichte Völker ... Wieviel mehr könnten die Christen der Welt geben, wenn sie beim Geben wirklich Opfer bringen würden? Wieviel mehr würden wir geben, wenn wir wirklich glauben würden, daß jede Woche eine Millionen Menschen ohne Jesus Christus in die Ewigkeit gehen?"[70] (Nate Krupp). Mehr als einen Drittel Penny pro Dollar? *Wir brauchen ein unsanftes Erwachen.*

Wir wissen von der geistlichen Finsternis im Iran: Fanatische Muslime regieren das Land, und Missionare sind unerwünscht. Wir haben von den schrecklichen Verfolgungen in Vietnam gehört: Viele Pastoren geben ihr Leben hin, und viele andere müssen jahrelang im Gefängnis sitzen. Doch die evangelikalen Gemeinden im Iran und in Vietnam wachsen prozentuell gesehen schneller als die evangelikalen Gemeinden in Amerika! *Wir brauchen ein unsanftes Erwachen.*

Manchmal beten wir für jene, die im ehemaligen Ostblock und in Fernost um des Evangeliums willen leiden. Doch die Gläubigen dort beten oft für *uns* – daß Gott uns aufrütteln möge (und sei es durch Verfolgung!), daß wir unserer weltlichen und selbstsüchtigen Gesinnung sterben, daß wir die Bedeutung des Wortes „Opfer" lernen und daß wir uns wahrhaftig, mit Haut und Haaren, dem Herrn hingeben mögen. Während wir all unseren Luxus für einen großen himmlischen Segen halten, sehen sie darin überschüssigen, irdischen Ballast, der uns ständig nach unten zieht. Die leidende Gemeinde macht sich Sorgen um uns! *Wir brauchen ein unsanftes Erwachen.*

Die Vereinigten Staaten gelten heute als reifes Erntefeld. Derzeit wohnen in unserer Mitte über sechstausend Missionare, die aus dem Ausland *nach* Amerika gesandt wurden, um *uns* zu erreichen! Und sie geben nicht nur den Leuten ihrer eigenen Nationalität Zeugnis – sie sehen, wie verloren viele von uns sind. Es gibt genügend „einheimische Heiden" in unserem Land; auch wir hier haben Dutzende unerreichter Volksgruppen! Sie gehen ohne Gott in unserem eigenen Hinterhof zugrunde! *Wir brauchen ein unsanftes Erwachen.*

Wir sind in einer gefallenen Welt zu Hause. Viele von uns sind schon seit Jahren Christ, ohne je einen Freund oder Nachbarn zum Herrn geführt zu haben. Doch Gott „... hat *uns* den Auftrag gegeben, die Versöhnung kundzumachen" (2 Kor 5,19; Albrecht). Wir haben darin erbärmlich versagt! Wir arbeiten Seite an Seite mit Leuten, die zugrunde gehen. Doch wir sind ihnen viel zu ähnlich, um sie verändern zu können. Wie würde denn das Ergebnis dieser „Veränderung" aussehen? Wenn einige von uns sie mit ihren Sünden konfrontieren würden, würden wir am Ende uns selbst verdammen! *Wir brauchen ein unsanftes Erwachen.*

Das Familienleben degeneriert zusehends. Wir sind faul, was unser eigenes Heim betrifft. Dort wird so wenig auf Disziplin geachtet und so wenig Respekt verlangt. Der Kompromiß ist fast schon die zentrale christliche Philosophie: Lebe so wie die Welt, aber nicht ganz so schlimm! Beuge dich dem, was dein soziales Umfeld dir sagt, und sei bloß nicht extrem! Unsere Werte sind aus Gummi, nicht aus Stahl. Sie sind nicht auf dem Amboß göttlicher Überführung und Überzeugung geschmiedet worden. Sie sind genauso veränderlich wie die aktuellsten Trends und Modeerscheinungen. Unsere Kinder haben zu viele Freiheiten. Viele ihrer Lebensmaxime stellen sie selbst auf: was sie sich im Fernsehen ansehen, was sie anziehen, wie sie aussehen. Doch „... ein sich selbst überlassener Junge macht seiner Mutter Schande" (Spr 29,15), und das Gericht fiel auf Elis „Familie für alle Zeit wegen der Sünde, von der er wußte; *seine Söhne machten sich selbst zu etwas Verachtenswertem, aber er ist ihnen nicht entge-*

gengetreten“ (1 Sam 3,13; wörtl. a. d. Engl.). Auch hier haben wir versagt: Wir halten unsere Kinder nicht auf Kurs! Oftmals behandeln wir sie eher wie eine Last als wie einen Segen, so als ob sie *unserem* Leben permanent im Weg stünden. Unsere Gesellschaft hat uns einer Gehirnwäsche unterzogen. Wir haben in puncto Familie kein Rückgrat bewiesen. Wenn wir hier verlieren, verlieren wir alles. *Wir brauchen ein unsanftes Erwachen.*

Wir haben uns völlig an die Sünde gewöhnt. Der Bürgermeister unserer Hauptstadt *wurde dabei gefilmt*, wie er Crack kaufte und rauchte. Er gab zu, Alkoholiker zu sein. Er ist verheiratet; seine Untreue war kaum jemandem verborgen. Dennoch blieb er bis zum Ende seiner Amtszeit Bürgermeister! Er wurde von anderen schwarzen Bürgermeistern unseres Landes als *Held* und *Opfer* gefeiert! Wo ist unsere moralische Entrüstung? Wo ist unser Abscheu vor dem moralischen Verfall? Wo ist der Aufschrei, der durch unsere Gesellschaft geht? *Wir brauchen ein unsanftes Erwachen.*

Es stimmt, daß unsere liberalen Medien den wahren Zustand unserer Nation verschleiern. Sie stellen Abtreibungsbefürworter und Homosexuelle als progressive Mehrheit dar, Gläubige hingegen als regressive Minderheit. Man möchte meinen, die anderen wären uns zahlenmäßig bei weitem überlegen. Doch viele Amerikaner – vielleicht sogar die meisten Amerikaner – behaupten, sie seien für das Leben, für die Familie und für eine hohe Moral. Doch ist das wirklich eine gute Nachricht? Unsere Worte stellen uns selbst an den Pranger! Wenn *wir* keine gewalttätigen, schmutzigen und gegen Gott gerichtete Filme im Fernsehen ansehen (und vergessen Sie nicht, daß wir oft betonen, wie viele wir doch sind!), warum sind dann die Einschaltquoten so hoch? Wenn *wir*, die wir so viele sind, keine schlüpfrigen Magazine und Zeitschriften mehr kaufen, warum kommen dann jedes Jahr neue auf den Markt? Wenn *unsere Kinder* keinen Punk und keinen Heavy-Metal hören, wessen Kinder kaufen dann millionenfach diese CDs? Wir haben die richtigen Worte, aber wir gehen den falschen Weg. Unser Haß auf die Sünde hat keine Substanz. Wir vertreten mehr Klischees als echte Überzeugungen. Radikale Feministinnen sind weitaus militanter als wir! *Wir brauchen ein unsanftes Erwachen.*

Wir haben davon gehört, daß der „große Abfall“ kommt. Die Gesetzlosigkeit wird zunehmen und die Liebe vieler erkalten (vgl. Mt 24,12). Wir sind uns sicher, daß das geschehen wird – *irgendwann in der Zukunft*. Doch leider sehen wir die Dinge mit verzerrtem Blick. Der Abfall hat bereits begonnen! Die Gesetzlosigkeit hat sich zu einer wahren Epidemie ausgewachsen; unsere Gesellschaft ist mit Sünde gesättigt. Noch nie war das Böse so leicht und schnell verfügbar wie heute. Es ist so leicht für uns, herumzustreunen: Ein Tastendruck auf der Fernbedienung bringt uns Pornographie ins Haus; ein einfaches Telefonat liefert uns Perversionen. Geister der Verführung breiten sich in unserem Land aus. Außerdem leiden wir noch unter der Plage der *Hirnlosigkeit*. Wir vergeuden kostbare, unwiederbringliche Stunden, indem wir bei Videospielen unsere Reaktionsfähigkeit unter Beweis stellen. Unsere topmodernen Computer nehmen uns das Denken ab, und wir sitzen anbetend und wie angenagelt vor dem Bildschirm. Der Leib Christi fällt ab, und wir wissen es nicht! Wir geraten vom Kurs ab und erkennen es nicht! Der Verfall macht sich auch schon in unseren Reihen bemerkbar. Beispiele gottesfürchtiger Christen sind selten geworden. Nur wenige brennen vor echter Leidenschaft für den Herrn. In unseren Herzen züngelt sein Feuer so vor sich hin. Sünde gibt es in Hülle und Fülle; Heiligkeit ist Mangelware. Die Liebe vieler ist bereits erkaltet! *Wir brauchen ein unsanftes Erwachen.*

„Nichts ist mehr zu fürchten als ein zu langer Friede. Du irrst, wenn du meinst, ein Christ könne ohne Verfolgung leben. Wer unter keiner Verfolgung lebt, erleidet die schlimmste Verfolgung von allen. Ein Unwetter läßt einen Mann auf der Hut sein und zwingt ihn zu äußersten Anstrengungen, um einen Schiffbruch zu vermeiden“[71] (Hieronymus). Doch wir haben uns in der Ruhe entspannt. Wir genießen einen „zu langen Frieden“. Wir meinen, das rühre von unserem Triumph her, so als hätten wir Satan unter unsere Füße getreten. Doch die Wirklichkeit sieht anders aus. Wir sind in seinem Schoß eingeschlafen! *Wir brauchen ein unsanftes Erwachen.*

Doch Moment mal!

Geben Sie jetzt nicht auf! Schlagen Sie nicht vor Verzweiflung die Hände über dem Kopf zusammen! Es hat einen Grund, warum wir aufwachen müssen: **Der Morgen bricht an**. Die Zeit des Schlafens ist vorbei! Ein großes Licht wirft erste Strahlen. Die Finsternis wird bald verschwinden. *Lassen Sie sich wachrütteln und steigen Sie aus dem Bett!*

> „Und dies tut als solche, die die Zeit erkennen, *daß die Stunde schon da ist, daß ihr aus dem Schlaf aufwacht*; denn jetzt ist unsere Errettung näher, als da wir zum Glauben kamen: *Die Nacht ist weit vorgerückt, und der Tag ist nahe*. Laßt uns nun die Werke der Finsternis ablegen und die Waffen des Lichts anziehen. Laßt uns anständig wandeln *wie am Tag*; nicht in Schwelgereien und Trinkgelagen, nicht in [sexueller Unmoral] und Ausschweifungen, nicht in Streit und Neid; sondern *zieht den Herrn Jesus Christus an*, und [denkt nicht darüber nach, wie ihr die Begierden des sündhaften Wesens befriedigen könnt]" (Röm 13,11-14; teilw. wörtl. a. d. Engl.). Wir dürfen nicht nackt sein, wenn er kommt!
>
> „*Denn ihr alle seid Söhne des Lichtes und Söhne des Tages*; wir gehören nicht der Nacht noch der Finsternis. Also *laßt uns nun nicht schlafen wie die übrigen*, sondern wachen und nüchtern sein. Denn die da schlafen, schlafen bei Nacht, und die da betrunken sind, sind bei Nacht betrunken. *Wir aber, die dem Tag gehören*, wollen nüchtern sein, angetan mit dem Brustpanzer des Glaubens und der Liebe und als Helm mit der Hoffnung des Heils" (1 Thess 5,5-8). Leben wir wie Kinder des Lichts!
>
> „Darum heißt es: Auf, du Schläfer! Steh von den Toten auf! Dann wird dir Christi Licht entgegenleuchten" (Eph 5,14; Albrecht). Gott drängt uns. Gott spricht: „**Wach auf!**"

Der Tagesanbruch ist in kürzester Zeit da. Die Finsternis wird bald vorbei sein. Die letzte Ausgießung rückt immer näher. Die Erntezeit ist gekommen. Beachten Sie die Zeichen der Zeit. Wischen Sie sich den Schlaf aus den Augen.

Für einen Tag wie diesen wurden wir geboren.
Es ist Zeit für den Triumph Gottes.

Kapitel 16

Die Zeiten der Erquickung müssen kommen!

Petrus war Augenzeuge der Herrlichkeit Gottes. Er sah mit eigenen Augen, wie Jesus Kranke heilte und Tote auferweckte. Er erlebte mit, wie er Dämonen austrieb und den Hungrigen zu essen gab. Er sah ihn, als er litt, und er sah ihn, als er auferstand. Er sah ihn zum Himmel auffahren.

Am Pfingsttag *erlebte* Petrus die Herrlichkeit am eigenen Leib – er wurde in die Feuerzungen des Geistes eingetaucht. Sein eigenes Wesen wurde wie eine Batterie mit Gott aufgeladen. Er predigte mit Autorität, und Tausende wurden gerettet. Er sprach mit Vollmacht, und Lahme tanzten vor Freude. Er wurde von einem Schwall von oben durchtränkt.

Doch Petrus ließ es dabei nicht bewenden. Ja, er sagte, es gebe noch mehr. Es gab eine Verheißung Gottes für die Menschen: *Die Zeiten der Erquickung müssen kommen!* „So tut nun Buße und bekehrt euch, daß eure Sünden ausgetilgt werden, damit Zeiten der Erquickung kommen vom Angesicht des Herrn, und er den euch vorausbestimmten Jesus Christus sende. Den muß freilich der Himmel aufnehmen bis zu den Zeiten der Wiederherstellung aller Dinge, von denen Gott durch den Mund seiner heiligen Propheten von jeher geredet hat" (Apg 3,19-21).

Buße ... Erquickung ... Rückkehr... Wiederherstellung – das ist Gottes Programm. *Buße* schließt die Tür auf; dann kommt die *Erquickung*. Und *nach der Erquickung* wird der Herr *zurückkehren*. Und *dann* wird er alles *wiederherstellen*. Bis dahin muß er im Himmel bleiben. Erst der *Schauer*, dann die *Sonne* Jesus; erst der *Regen*, dann die *Rückkehr*; erst die *Ausgießung*, dann die *Erscheinung*. Wir werden von oben durchtränkt, bevor er sich von oben herniedersenkt. Schon jetzt ziehen Regenwolken auf ...

Überall auf der Welt wirkt der Geist Gottes. „Um 1900 gab es weniger als 10 Millionen Christen in Afrika; die Projektion für das Jahr 2000 liegt bei 324 Millionen." In Lateinamerika „... wächst die evangelikale Christenheit von 50 000 im Jahr 1900 auf voraussichtlich 137 Millionen im Jahr 2000 ... Anfang der 80er Jahre schätzte man, daß sich täglich über 20 000 Chinesen zum Christentum bekehrten" (Peter Wagner). Selbst im extrem hinduistischen Königreich Nepal inmitten des Himalaja bereitet sich der Herr ein Volk: 1960 gab es dort nur 25 getaufte Gläubige. 1989 waren es – trotz jahrelangem, vehementen Widerstands seitens der Regierung – schon über 50 000. Und das ist erst der Anfang.

Am 22. Oktober 1905 begann in Dohnavur (Indien) ein Wirken Gottes unter den Mädchen (ehemaligen Tempelprostituierten), denen Amy Carmichael diente. „Am Ende eines Morgengottesdienstes sah [Amy] sich, überwältigt von der plötzlichen Erkenntnis, welche innere Kraft die Dinge entwickelt hatten, gezwungen, aufzuhören. Es war nicht einmal mehr möglich zu beten."

So schilderte sie die Ereignisse:

> „Es war so bestürzend und schrecklich – ich kann kein anderes Wort dafür finden –, daß mir die Einzelheiten entfallen sind. Schon bald lag die ganze obere Hälfte der Gemeinde auf ihrem Angesicht auf dem Boden und schrie zu Gott, jeder Junge, jedes Mädchen, jeder Mann, jede Frau, ohne Notiz von ihren Nachbarn zu nehmen. Es hörte sich an wie die Wellen oder ein heftiger Wind, der durch die Bäume fegt ... Der Hurrikan des Gebets hielt über vier Stunden lang an. ‚Mir sind es wie vier Minuten vorgekommen'; in den darauffolgenden zwei Wochen gaben sie sich dem Wort und dem Gebet hin; rund um die Uhr Seelsorge; fast alle auf dem Areal wurden gerettet; das wirkte sich nachhaltig auf das Dorf aus" (Winkie Pratney). Eins der Mädchen sagte: „Jesus kam nach Dohnavur."

Doch Jesus kam nicht nur nach Dohnavur. Er kam auf die ganze Welt. Von Wales bis Indonesien, von Korea bis Azusa Street wurde sein Geist ausgegossen. Am Anfang des zwanzigsten Jahrhunderts stand das größte, spontane, weltweite Wirken Gottes in der Geschichte. Es war, als würden gleichzeitig und separat Dutzende einzelner Buschfeuer ausbrechen. In vielen Ländern loderten die Flammen! *Doch in unserer Zeit könnte uns noch viel mehr bevorstehen.* Die letzte Feuersbrunst wird jede Nation heimsuchen. Keine wird ohne Versengungen bleiben.

Gott sucht nur nach Gefäßen, die ihm hingegeben sind, nach Gefäßen, die für seine Zwecke geeignet sind. Sie müssen von selbstsüchtigem Ehrgeiz gereinigt und menschlichen Prioritäten abgestorben sein und sich voll und ganz den Zielen des Himmels verschrieben haben. Sie müssen Männer und Frauen sein, die ihr Leben nicht festklammern, sondern sich gerne für diese Welt hingeben. Gott ruft Arbeiter, die jeden Preis bezahlen und jedes Opfer bringen – solange es zur Ehre des Herrn ist. Er sucht nach Mitarbeitern, die überallhin gehen und alles tun – wenn nur Menschenseelen damit gerettet werden können. Niemand kann sagen, was Gott tun wird – wenn wir auf seinen Aufruf reagieren. Führen Sie sich nur vor Augen, was er durch *ganz normale Menschen*, die im Glauben seiner Stimme gehorchten, bewerkstelligt hat.

Eines Tages war John G. Lake soeben in sein Haus in Spokane zurückgekehrt, als er einen dringenden Anruf bekam. Mrs. Graham, seine Sekretärin, lag im Sterben.

> „Unverzüglich eilte ich zu ihrer Wohnung. Die Frau eines Mitarbeiters begrüßte mich an der Tür und sagte: ‚Sie sind zu spät; sie ist von uns gegangen.'
>
> Als ich eintrat, kam mein Mitarbeiter aus ihrem Zimmer. Er sagte: ‚Sie atmet schon seit längerem nicht mehr.'
>
> Doch als ich die Frau ansah, dachte ich daran, daß sie der Allmächtige Gott drei Jahre zuvor vom Tode erweckt hatte; *daß er ihr auf wunderbare Weise ihre Gebärmutter, ihre Eierstöcke und ihre Eileiter wiedergegeben hatte, die man ihr bei Operationen entfernt hatte; daß sie geheiratet und ein Kind empfangen hatte.* [Nach einer Totaloperation hatte Gott sie auf Lakes Gebet hin völlig wiederhergestellt.]

> Bei diesen Gedanken entflammte mein Herz!
>
> Ich hob diese Frau aus dem Kissen und rief zu Gott, er möge die Blitze des Himmels senden, um die Macht des Todes zu vertreiben und sie zu befreien. Ich befahl ihr, zurückzukommen und hierzubleiben. Sie kam zurück, nachdem sie 23 Minuten lang nicht geatmet hatte!" Das ist die Kraft Gottes.

Im Jahr 1985 predigte ein aus Kenia gebürtiger, indischstämmiger Evangelist aus Amerika in Pakistan. Er hatte die geistliche Gewohnheit, *zweimal* pro Jahr vierzig Tage zu fasten und zu beten. Nun erntete er die Früchte. Als er den Massen das Evangelium verkündete, sah er eine arme, alte Frau auf der Erde sitzen. Sein Herz schlug für sie, als er sie bemerkte. Sie war von Geburt an völlig blind und hatte anstelle der Augen nur dunkle Höhlen. Doch plötzlich wirkte der Geist – und wenn er wirkt, ist *alles* möglich. Im nächsten Augenblick wurde die Frau von ekstatischer Freude erfüllt. Während die Botschaft verkündigt wurde, *schenkte Gott ihr zwei neue Augen* – obwohl niemand für sie gebetet hatte. Zum ersten Mal in ihrem Leben konnte sie sehen. Jesus hatte sich zu seinem Wort gestellt. Er will immer noch retten und heilen. Und er möchte viel, viel mehr tun – wenn wir ihm nur den Weg bahnen.

Es kommen Zeiten der Erquickung, Zeiten, die unseren größten geistlichen Durst löschen und wahr werden lassen, was wir uns von Gott erträumt haben. Der **Herr** wird Zeichen und Wunder wirken. *Menschenmassen* werden eine echte Errettung erleben. Orthodoxe Juden werden zu Yeschua rufen; Muslime werden sich scharenweise bekehren. Atheisten werden sich voll Ehrfurcht beugen; Agnostiker werden rufen: „Er ist Herr!" Es wird völlig unmöglich sein, über all die Wunder Buch zu führen. Der Geist wird die Erde bedecken. *Doch wir müssen die Sünde wegräumen* – und dann wird die Flutwelle kommen. Unreinheit ist ein Wehr für die Flut Gottes.

Denken Sie an die Worte des Apostels:

> „So tut nun Buße und bekehrt euch ..." Die Dinge kommen ins Rollen, wenn wir aus ganzem Herzen umkehren! Buße

bewirkt Leben, nicht Tod. Sie bringt uns wieder auf Kurs und richtet uns auf Gott aus. Sie erneuert uns und schenkt uns einen Neuanfang.

„... daß eure Sünden ausgetilgt werden ..." und ein für allemal aus dem Buch gestrichen werden. Wir brauchen keinen Makel mehr zu haben. Welchen Reiz könnten unsere Sünden denn noch haben? Gott ist bereit, sie alle zu löschen, sie komplett auszuradieren. Werden Sie sich vorbehaltlos Gott hingeben und mit ihm eine neue Ära einläuten?

„... damit Zeiten der Erquickung kommen vom Angesicht des Herrn ..." Es ist sicher, es ist gewiß, daß sie kommen werden! Der Herr hat dies nicht umsonst gesagt. Seine Verheißungen sind zuverlässig und wahr. Er hat bislang immer alle erfüllt. Er wird uns weder enttäuschen noch im Stich lassen. Er ist treu – bis in alle Ewigkeit und ohne jeden Zweifel. Seine Realität vertilgt jeden Zweifel. Er ist Gott im Wort und in der Tat. Er kann *alles* durch *jeden* tun, der ihm *alles* gibt.

Kann er auf Sie zählen?

Quellenangaben

Ich möchte Frank Kaleb Jansen vom U.S. Center for World Missions in Pasadena (Kalifornien) für seine Bearbeitung zahlreicher Statistiken zur Missions- und Weltsituation danken, die in diesem Buch zitiert wurden, vor allem in Kapitel 13 und 15. Weitere Informationen liefert *Target Earth*, Hrsg. Frank Kaleb Jansen (Global Mapping International / University of the Nations, 1989).

[1] Richard Wurmbrand, *Stimme der Märtyrer*, Dezember 1989, S.3. (*Stimme der Märtyrer* ist die Monatszeitschrift der „Hilfsaktion Märtyrerkirche e.V.".)

[2] Johanna Veenstra, zitiert in Ruth A. Tucker, *From Jerusalem to Irian Jaya* (Zondervan, 1983), S. 247.

[3] Johannes Schneider, *Theological Dictionary of the New Testament, Bd. VII*, Hrsg. Gerhard Friedrich, engl. Übers.: Geoffrey W. Bromiley (Eerdmans, 1971), S. 573f.

[4] A. W. Tozer, *Keys to the Deeper Life* (revidierte Auflage, Creation House, 1984), S. 76 (ursprünglich erschienen in *The Tozer Pulpit, Bd. 6* [Christian Publications, 1975], S. 56f).

[5] Informationen über Francis Asbury liefert *Christian History, Bd. VIII, Nr. 3, Ausg. 23,* S. 22f und Charles Ludwig, *Francis Asbury: God's Circuit Rider* (Mott Media, 1984), S. xii.

[6] A. W. Tozer, *The Best of A. W. Tozer* (Baker, 1978), S. 101 (ursprünglich aus dem Buch *That Incredible Christian).*

[7] J. Edwin Orr, *My All, His All* (International Awakening Press, 1989), S. 7.

[8] John Pollock, *George Whitefield and the Great Awakening* (Lion Publishing 1972), S. 229f; siehe auch Arnold Dallimore, *George Whitefield, Bd. II* (Banner of Truth, 1980), S. 388.

[9] Catherine Booth, *The Writings of Catherine Booth, Aggressive Christianity* (The Salvation Army, 1986), S. 11.

[10] George Whitefield, *Select Sermons of George Whitefield*, Hrsg. J. C. Ryle (Neuauflage bei Banner of Truth, 1985), S. 79.

[11] Charles G. Finney, *Erweckung – Gottes Verheissung und unsere Verantwortung* (Verlag Gottfried Bernard, 1987), S. 345, 215, 217 (mit geringfügigen Abweichungen vom Quellentext).

[12] Charles Wesley, zitiert in Arnold Dallimore, *A Heart Set Free* (Crossway, 1988), S. 84, Hervorhebungen vom Autor.

[13] Hudson Taylor, zitiert aus seiner Autobiographie *Hudson Taylor* (Bethany, undatiert), S. 14.

[14] John Hyde, zitiert in E. G. Carré, *John Hyde – Apostel des Gebets* (Leuchter), S. 81f.

[15] Jonathan Goforth, zitiert in Rosalind Goforth, *Jonathan Goforth* (Bethany, 1986), S. 21.

[16] William C. Burns, zitiert in R. Strang Miller, *Five Pioneer Missionaries* (Banner of Truth, 1965), S. 98 und 128.

[17] John G. Lake, zitiert in *The John G. Lake Sermons on Dominion Over Demons, Disease and Death*, Hrsg. Gordon Lindsay (Neuauflage bei Christ for the Nations, 1982), S. 86; *The New John G. Lake Sermons,* Hrsg. Gordon Lindsay (Neuauflage bei Christ for the Nations, 1981), S. 27f.

[18] Evan Roberts, zitiert in Elfion Evans, *The Welsh Revival of 1904* (Evangelical Press of Wales, 1969), S. 70, Hervorhebungen vom Autor.

[19] Winkie Pratney, *Revival* (Whitaker, 1983), S. 26.

[20] Catherine Booth, *Aggressive Christianity*, S. 17.

[21] Smith Wigglesworth, *Immer wachsender Glaube* (Leuchter, 1995), S. 98.

[22] Die Geschichte des talentierten Kapitalbeschaffers wurde mir von einem hochrangigen Mitarbeiter aus dem Bereich des „Christlichen Marketings" erzählt.

[23] Johann Tetzel, zitiert in J. H. Merle D'Aubigné, *History of the Reformation of the Sixteenth Century* (Neuauflage, Baker, 1987), S. 86f.

[24] Georg Müller, zitiert in Roger Steer, *Delighted in God* (revidierte Auflage, Harold Shaw, 1981), S. 40. Die finanziellen Statistiken über Müllers Dienst wurden von Pastor Jamie Cowen zusammengestellt, einem meiner früheren Studenten, der zur Umrechnung der Zahlen auf heutige Verhältnisse die Library of Congress konsultierte.

[25] Die Pornographie-Statistiken aus dem Magazin *Christ for the Nations*, Februar 1990, S. 7, stammen aus dem Plymouth Rock Foundation Fac-Sheet.

[26] Die saudi-arabischen Verbrechensziffern stammen von der saudi-arabischen Botschaft in Washington, D.C.

[27] Zitierte Bibelstellen: Hebr 12,25; 2,2; 10,31 (Menge).

[28] A. W. Tozer, *The Best of A. W. Tozer,* S. 179 (ursprünglich aus dem Buch, *Man: The Dwelling Place of God*).

[29] Thomas Watson, *The Doctrine of Repentance* (Neuauflage bei Banner of Truth, 1987), S. 32.

[30] George Whitefield, zitiert in Arnold Dallimore, *George Whitefield, Bd 1*, (Banner of Truth, 1970), S. 6.

[31] George Whitefield, zitiert in John Pollock, *Great Awakening*, S. 239; Dallimore, *Whitefield, Bd. 1*, S. 6; Pollock, S. 239.

[32] Catherine Booth, *The Writings of Catherine Booth, Godliness* (The Salvation Army, 1986), S. 110.

[33] Mrs. Polly Fletcher, zitiert von John Wesley in Frank Whaling (Hrsg.), *John and Charles Wesley. Selected Writings and Hymns* (Paulist Press, 1981), S. 155f.

[34] Richard Wurmbrand, *Stimme der Märtyrer*, Dezember 1989, S.4.

[35] John G. Lake, *Dominion*, S. 54 und 53.

[36] Smith Wigglesworth, *Immer wachsender Glaube*, S. 147f; 140; 145; 148; 150.

[37] John G. Lake, *Spiritual Hunger and Other Sermons,* Hrsg. Gordon Lindsay (Neuauflage bei Christ for the Nations, 1987), S. 75 und 69.

[38] Uggo Bassis Zitat habe ich von Leonard und Martha Ravenhill.

[39] Evan Phillips, zitiert in Elfion Evans, *The Welsh Revival of 1904,* S. 72.

[40] William C. Burns, zitiert in Strang Miller, *Five Pioneer Missionaries,* S. 113.

[41] Mrs. John Fletcher, *John and Charles Wesley,* S. 152.

[42] Frank Bartleman, *Another Wave of Revival* (Whitaker, 1982), S. 28.

[43] Die Geschichte des indonesischen Christen wurde Ralph Mahoney, dem Präsidenten von World M.A.P, aus erster Hand erzählt.

[44] Leonard Ravenhill, *Revival God's Way* (Bethany, 1983), S. 127.

[45] Rodney und Ella Hein, aus ihrem Brief, der im Januar 1990 im „World Prayer and Share Letter" von Christ for the Nations erschien, S. 3, Hervorhebungen vom Autor.

[46] Richard Wurmbrand, *Stimme der Märtyrer*, April 1990, S. 3.

[47] Rosalind Goforth, *Jonathan Goforth*, S. 36f.

[48] Thomas Watson, *Repentance,* S. 11.

[49] Mrs. John Fletcher, *John and Charles Wesley,* S. 155.

[50] Tertullian, *Apologeticus* 50, 13.

[51] Informationen über Benjamin Bedel bei Ernest Gordon, *A Book of Protestant Saints* (Neuauflage bei Prarie Press, 1968), S. 363f.

[52] Informationen über Pastor Son bei James und Marta Hefley, *By Their Blood. Christian Martyrs of the 20th Century* (Baker, 1979), S. 97f.

[53] Informationen zu David Livingstone bei Ruth Tucker, *From Jerusalem*, S. 153.

[54] William C. Burns, zitiert in *Five Pioneer Missionaries*, S. 113.

[55] Jonathan Goforth, zitiert in Rosalind Goforth, *Jonathan Goforth*, S. 118.

[56] Alle Zitate über Adoniram Judson aus Courtney Anderson, *To the Golden Shore* (Neuauflage bei Judson Press, 1987), S. 83, 86, 409, 399.

[57] Alle Zitate über Henry Martyn von Richard T. France in *Five Pioneer Missionaries*, S. 245, 248, 252, 253, 297, 301.

[58] Alle Zitate über John Paton von John D. Legg in *Five Pioneer Missionaries*, S. 309f, 338.

[59] Zitierte Schriftstellen: Ps 45,10; Mk 16,15; Mt 28,19; Joh 20,21; Lk 10,3.

[60] Robert Murray M'Cheyne, zitiert in Andrew A. Bonar (Hrsg.) *Robert Murray M'Cheyne. Memoir and Remains* (Neuauflage bei Banner of Truth, 1966), S. 14.

[61] W. E. Sangster, zitiert in Leonard Ravenhill, *Why Revival Tarries* (Bethany, 1962), S. 68.

[62] Jonathan Edwards, zitiert in der biographischen Skizze von Philip E. Howard Jr., in *The Life and Diary of David Brainerd*, Hrsg. Jonathan Edwards (Moody, 1949), S. 18.

[63] Informationen über William Carey in Ruth Tucker, *From Jerusalem*, S. 115.

[64] David Brown, zitiert in *Five Pioneer Missionaries*, S. 280.

[65] Henry Venn, zitiert in J. C. Ryle, *Select Sermons*, S. 40.

[66] Die fünfzehn Kriterien stammen aus Arnold Dallimore, *Whitefield*, Bd. I, S. 80.

[67] Die Whitefield-Zitate stammen aus: Dallimore, Bd. II, S. 388; Ryle, *Select Sermons,* S. 39f; Pollock, *Great Awakening,* S. 246.

[68] John Fletcher, zitiert in A. Skevington Wood, *The Burning Heart* (Bethany, 1978), S. 124.

[69] Robert Murray M'Cheyne, *Memoir and Remains*, S.14

[70] Nate Krupp, *The Church Triumphant at the End of the Age* (Destiny Image, 1984), S. 208.

[71] Hieronymus, zitiert in Jill Haak Adels, *The Wisdom of the Saints* (Oxford, 1987), S. 75.

Wo ist bloß die Kraft Gottes geblieben?

Dr. Michael Brown

190 Seiten, Paperback, ISBN 3-925968-75-X Best.-Nr. 175875

Ruhen die Charismatiker im Geist oder liegen sie k.o. am Boden? Haben Sie sich schon einmal gewundert ...

- Warum ist schon soviel für Kranke gebetet worden in pfingstlich und charismatisch geprägten Gemeinden; jedoch nur wenige sehr ernsthaft Erkrankte sind geheilt worden?
- Warum fallen Menschen unter der Kraft des Heiligen Geistes (Ruhen im Geist) hin, aber bei den meisten ist keine tiefgreifende Veränderung geschehen, wenn sie wieder aufstehen?
- Warum können Gläubige oftmals stundenlang in anderen Sprachen beten und sogar monatelang im geistlichen Kampf verwickelt sein, ohne jedoch eine dauerhafte Einwirkung auf ihre Gesellschaft zu erreichen?

Dieses Buch stellt diese und andere Fragen und konfrontiert Sie mit Antworten, die Ihr Leben verändern könnten! Durch manche Aussagen könnten Sie sich eventuell angegriffen oder betroffen fühlen. Wenn es jedoch dazu dient, den Leib Christi aus der Lethargie in echte apostolische Autorität (ein Volk, geschaffen zu Seiner Ehre und Verherrlichung) zu führen, ist es das Risiko wert. Finden Sie heraus, was die Kraft Gottes zurückhält.

Die verborgene Kraft des Betens und Fastens
Mahesh Chavda
180 Seiten, Paperback, ISBN 3-925968-91-1 Best.-Nr. 175891
Mahesh Chavda ist der Begründer und Hauptpastor von der „All Nations Church" in Charlotte, North Carolina.
Als internationaler Evangelist haben er und seine Ehefrau Bonnie über 700 000 Menschen auf dem gesamten Erdkreis zu Jesus Christus geführt. Sie sind mitverantwortlich für die „Watch of the Lord" (Wache des Herrn) Gebetsbewegung. In ihren Trainingsseminaren lehren sie Christen, wie sie die Werke unseres Herrn Jesus Christus in der Vollmacht des Heiligen Geistes tun können.

> Mahesh Chavda ist ein ungewöhnlicher Mann, der zwei seltene Eigenschaften in sich vereinigt: Demut und Barmherzigkeit. Ich habe selten die Gegenwart Gottes so erlebt, wie bei seinem Dienst. Das vorliegende Buch ist ein Schlüssel für eine geistliche Dimension, die es wieder zu entdecken gilt, wenn wir in unseren Gemeinden und unserem Land wirkliche Durchbrüche erzielen wollen.
>
> Jobst Bittner, Tübinger Offensive Stadtmission e.V.

Gott hat uns einen Weg gezeigt, wie vermeindliche Niederlagen in einen herrlichen Sieg verwandelt werden können. Wenn wir uns mit überwältigenden Schwierigkeiten konfrontiert sehen, sei es im physischen, familiären oder finanziellen Bereich, tragen wir den Schlüssel der „Verborgenen Kraft des Betens und Fastens" in uns. Durch dieses Buch bekommt der Leser Einblick in den Lebensstil eines Mannes, der diese Wahrheit ausgelebt hat. Die Lektüre inspiriert zum Kampf, unabhängig von den Umständen den Sieg zur Verherrlichung Gottes auszufechten. Gott hat uns ein Mittel gegeben, seine Herrlichkeit in unserem Leben, unserer Gemeinde, unserer Stadt und unserer Nation zu entfalten.